Einaudi. Stile Libero Big

www.einaudi.it

ISBN 978-88-06-24810-9

Filelfo
L'assemblea degli animali
Una favola selvaggia

Disegni di Riccardo Mannelli

Einaudi

L'assemblea degli animali

*Questo libro è dedicato ad Ash,
il primo koala nato dopo
il Grande Incendio australiano,
il 26 maggio 2020, dalle ceneri
di milioni di animali.*

Parte prima

Capitolo I
L'adunata degli animali

Ultimo viene il corvo: cosí aveva scritto quell'italiano in un suo libro. E lui, il corvo, ultimo stava arrivando alla grande assemblea degli animali. Era in ritardo e non riusciva a perdonarselo. Non capita spesso, nella vita di un uccello, di assistere a un simile evento. L'ultimo dei suoi antenati che aveva partecipato a una grande assemblea lo si ricordava molte generazioni prima, quando ancora il cielo non era attraversato dai grandi uccelli meccanici creati dall'uomo e le luci delle città non abbagliavano le notti rendendo difficile orientarsi con le stelle.

Un tempo gli uomini si servivano dei corvi per interpretare i presagi e osservavano le traiettorie dei loro voli per orientare le proprie azioni. Credevano ancora che ciò che sta in alto sta anche in basso e ciò che sta in basso è come ciò che sta in alto. E che tutte le cose sono una cosa sola, che si può chiamare natura.

Ma ora gli uomini non guardavano piú il cielo. Avevano alzato sul mondo una nebbia di polveri e fumi e cattivi odori che coprivano il soffio della primavera in arrivo, come già all'equinozio d'autunno i primi refoli dei venti invernali, confondendo tanti uccelli migratori, facendo saltare programmi, ritardando arrivi e partenze e trasformando le rotte verso sud in uno di quei grovigli di autostrade intasate che gli uomini usavano per spostarsi freneticamente da un posto all'altro senza che il corvo riuscisse a capire le ragioni nascoste di quel vano e continuo fuggire da se stessi.

Affannato e preoccupato per il ritardo, il corvo cercava di volare piú velocemente possibile per raggiungere il luogo dell'appuntamento, quel luogo segreto, lo stesso da milioni di anni, che tutti gli animali conoscono perché lo imparano quando vengono al mondo. Tutti, nessuno escluso, sanno con certezza due cose: il segreto della vita (ma di questo non è possibile fare parola qui) e dove si trova il luogo nascosto della grande assemblea degli animali per essere pronti nel caso sia convocata. Si dice che anche gli uomini un tempo conoscessero entrambe le cose e che anzi proprio a loro fosse stato concesso di custodire il mondo e proteggere il suo equilibrio. Ma poi si sa come andò a finire e il corvo, già abbastanza in ansia per il ritardo, non voleva ricordare quella storia che tutti gli animali si tramandano, la storia della caduta e del grande esodo.

Sotto di lui il mare canuto si increspava, prossimo alla riva, nelle creste di spuma delle sue piccole onde e in quelle sollevate dagli ultimi delfini che si attardavano a scherzare, e poi l'acqua facendosi piú trasparente mostrò le specie multicolori dei pesci e sulla mezzaluna di sabbia bianca arrampicarsi veloci le delegazioni dei granchi. Piú lentamente, ma con ponderato anticipo, alcune tartarughe si avviavano all'interno lasciando sulla sabbia le enormi scie dei loro carapaci. Sull'anfiteatro di scogli si erano già disposte le stirpi delle foche, a debita distanza dai cugini trichechi, che con aria di importanza si nettavano i baffi dopo il viaggio. I pinguini estenuati dal caldo nelle loro pesanti livree stavano muti, allineati come paracarri in una geometria che contrastava con le linee scomposte dei gabbiani appollaiati poco più in là, che mai riuscivano a trattenersi dal loro vociare, nemmeno alla vigilia di un appuntamento così importante.

Il corvo sorvolò la spiaggia e gli scogli cabrando lungo la parete scoscesa del monte. Vide arrampicarsi le delegazioni in arrivo da ogni parte della terra. Saltavano veloci i camosci dorati, salendo accanto alle capre, le renne si affiancavano ai muli, le gazzelle e le antilopi, come di solito non accade, andavano gentilmente al passo di cammelli, pecore, mucche, rinoceronti e maiali. E poi conigli e lepri, castori e scoiattoli, e più lenti gli istrici vestiti delle loro faretre di bronzo e le iguane dallo scudo di smeraldo e d'ambra.

Per quanto abituato fosse lo sguardo del corvo alla brulicante molteplicità del regno vivente, mai aveva visto, nella sua esperienza, una così grande e variegata moltitudine di animali, né un tale ordine. Del resto la legge di natura, in occasione delle grandi assemblee, è sospesa: né predatori né prede, né forti né deboli, né grandi né piccoli, così è stato stabilito dal principio, così accadde ai tempi dell'arca. E così, sta scritto, avverrà alla fine dei tempi: il lupo dimorerà con l'agnello, la pantera si distenderà accanto al capretto; il vitello e il leoncello pascoleranno fianco a fianco e un fanciullo li guiderà. La vacca e l'orsa pascoleranno insieme; si

sdraieranno insieme i loro piccoli. Il leone si ciberà
di fieno, come il bue. Il lattante si trastullerà sulla
buca dell'aspide; il bambino metterà la mano nel
covo di serpenti velenosi.

L'occhio del corvo non smetteva di scrutare.
Nell'erba della boscaglia i serpenti dalle squame
screziate strisciavano benevoli, senza insidie, al
ritmo delle colorate e svagate colonne dei bruchi
e dei lombrichi che le pesanti zampe dei cinghiali
cercavano meticolosamente di non schiacciare. Il
grande popolo dei topi montava come una marea
grigia, impercettibile come sempre, salvo il fruscio
di code sottili tra gli sterpi. Con cieco zelo le talpe
aravano i fianchi della montagna, lasciandosi dietro piccole trincee di terra smossa. Tra i rami degli
alberi saltavano rumorose le famiglie delle scimmie facendo a gara con quelle dei gatti silenziosi,
lasciando indietro qualche incurante bradipo sotto
l'occhio socchiuso dei camaleonti. Stormi di allo-
dole, pettirossi, passeri, scriccioli, rondini in formazione volavano bassi, attorniati dal ronzio vibrante dei colibrí che si mescolavano ai bengalini,
ai parrocchetti e a tutto l'arcobaleno degli uccelli
tropicali che ascendevano dalle pendici del monte
come scintille che si levano da un falò in una foresta.

Molto piú in alto di loro, invisibili a ogni sguardo che non sia di uccello, i rapaci imperiali, il falco, l'aquila, lo sparviero, volavano in ricognizione
disegnando intorno alla vetta uno scudo invisibile.
Già in postazione, tra i nodi dei tronchi, il popolo
delle civette, degli allocchi, dei gufi spalancava lo
sguardo ai nuovi arrivi. Quando il corvo fu giunto
quasi in cima, gli si mostrò palpitante, intorno agli

alberi e ai cespugli fioriti, la fantasmagoria delle
farfalle, dei sacri scarabei dalla corazza iridescen-
te, delle libellule immobili nell'aria, delle infinite
e tremule legioni degli insetti.

Era quasi arrivato. Poteva scorgere i seggi piú
alti dell'assemblea, gli scranni di roccia riservati
alle grandi fiere, alle tigri regine della simmetria,
ai leoni, re per diritto di nascita, al divino elefante, all'orso, sovrano in esilio, al nobile cavallo dalla
criniera ritta nel vento delle cime. Disposti intorno,
in cerchi quasi concentrici, distribuiti tra alberi e
anfratti della foresta, stavano i rappresentanti delle
savane, delle giungle, dei deserti, delle brughiere
e delle tundre, degli atolli sconosciuti, delle nevi
perenni delle montagne. Incrociò lo sguardo altezzoso delle giraffe, percepí la timidezza dei cervi,
la violenza contenuta dei tori, la fatua eccentricità
delle zebre, il ghigno sottile della volpe, la risata
folle della iena, il richiamo buio del lupo. Al centro
dell'emiciclo, a fare da specchio agli immensi fusti
secolari, l'acqua grigia, metallica del lago rimbom-
bava della giaculatoria delle rane: *Brekekekex-koax-
koax*, e si increspava del guizzo muto dei salmoni
arcuati, zampillando sul grande muso dell'ippopo-
tamo e scomponendo le sagome coriacee dei coc-
codrilli, semisommerse come tronchi abbandonati.

Avrebbe voluto guardare ancora, ma non c'era
piú tempo. Allargò le ali nere e planò piú a valle.
Scrutò i seggi rimasti. Nel folto di una quercia trovò il suo posto accanto alla colomba. Non stringeva
nel becco il ramoscello di ulivo. Stavolta non era
venuta a parlare di pace, ma, come tutti, di guerra.

Capitolo II
L'assemblea degli animali

– Chicchirichí! – squillò assordante il gallo dalla cima del baobab nano. – Ordine! ordine! – urlò furibondo il tricheco dallo scoglio giú in basso. Il frinire, il nitrire, il grugnire, il chiocciare, il gracchiare, il ragliare, l'ululare, il belare, il ruggire, il muggire, il barrire, il bramire, lo squittire, l'uggiolare, il pigolare, il tubare, l'abbaiare, il gracidare, il cinguettare, lo starnazzare, il sibilare, il miagolare, il ringhiare, il ronzare si acquietarono di colpo. Si abbatté sul monte il silenzio che solo gli animali in certe circostanze sanno fare, appena prima di un terremoto, di un maremoto, dell'eruzione di un vulcano, di un'eclissi di sole o di un altro di quei grandi eventi. Fu dopo qualche secondo, in cui l'udito di tutti fu teso al frusciare delle foglie nel vento, che il giaguaro parlò. – Amici, animali, cittadini del mondo, fratelli di saggezza, pari di questo consiglio, sapete tutti perché siamo qui. Già altre volte nel passato noi, padroni della terra, suoi piú antichi e piú sapienti abitatori, ci siamo riuniti per discutere come affrontare la minaccia del suo piú giovane e intemperante colono, l'uomo.

– Eccome, – urlarono le scimmie. – Ve l'abbiamo sempre detto che non discende da noi. – Zitte! – ragliò l'asino. – L'uomo sa bene, anche se non lo ammette, che è una delle nostre metamorfosi e che solo con i nostri zoccoli può imboccare i sentieri della luna, solo con le nostre orecchie udire il richiamo della legge morale. – Zitto tu, superstizioso bigotto, servo sciocco di due padroni, – intervenne l'ibis alzando il collo sopra la schiera compatta dei paperi che si stavano spiumando concentrati. – L'unica legge morale dell'uomo dovrebbe essere quella della natura, ma non mi sembra che agli asini sia riconosciuta questa gran sapienza per averglielo, come sostieni, ricordato –. Uno stridio di struzzi e pavoni, gru e fenicotteri seguí beffardo le parole dell'ibis, mentre un battito ritmato di becchi e zoccoli, zampe e zanne, code e pinne faceva da claque.

Il giaguaro accovacciato alzò la destra, come si vede nei disegni dei Maya, e ruggí ottenendo silenzio. – L'uomo, dicevo, è stato causa di molte catastrofi per la terra. Ma questa, – e digrignò le zanne, – questa con cui ha voluto salutare la vigilia dell'Anno del Topo ci riporta ai racconti degli avi che videro coi loro occhi glaciazioni, diluvi universali, estinzioni di massa come quella della grande stirpe dei sauri, dei sacri draghi, di cui solo pochi, sprofondati nelle acque dei laghi o negli abissi del mare, sono rimasti in vita –. I cobra drizzarono la testa e dalle nervature del collo alzarono il cappuccio come monaci in preghiera, i serpenti a sonagli scossero i loro sistri funebri, due lucertole guizzarono fuori dalle cripte in cui l'esiguità dei loro corpi le aveva costrette, a differenza dei potenti antenati; un'iguana fece balenare la lingua rossa che un tempo era di fuoco, e la radura fu tutta screziata da uno scintillio di ocra e smeraldo, ebano e turchese, come doveva essere il mondo quando era giovane e i rettili ne erano i custodi.

– Un olocausto, – riprese il giaguaro. – Un miliardo di fratelli sterminati dall'uomo per futili motivi e senza alcun segno di pentimento, arsi vivi tra le fiamme di un immenso rogo, di un insensato sacrificio di massa, – scandí. – Un miliardo di compagni inceneriti, di cadaveri ammucchiati nelle lande di quell'emisfero australe che ci era stato lasciato ancora in feudo, pianure e deserti e foreste dove animali e umani sembrava potessero ancora convivere. Perciò siamo qui riuniti, e vi ringrazio di avere tutti aderito, da ogni parte del mondo, a questa convocazione d'urgenza –. Nel mormorio che seguí le parole del giaguaro gli occhi di tutti gli animali si volsero alla delegazione marsupiale, che sedeva tacita e composta nei banchi riservati ai testimoni, i cuccioli di canguro rannicchiati in grembo alle madri, circondate dai rappresentanti di quelle altre famiglie di grandi e piccoli mammiferi, rettili e uccelli del bush che nel grande olocausto australiano avevano visto perire innumerevoli amici innocenti. Nessuno di loro parlò: non era ancora il momento.

Il giaguaro riprese: – Nonostante le frequenti e gravi ragioni di allarme da molti di voi segnalate negli ultimi secoli, finora siamo rimasti a guardare. Per troppo tempo abbiamo visto i nostri fratelli pesci soffocare nella plastica e nel petrolio –. Un delfino sottoscrisse facendo una capriola oltre gli scogli e avvitandosi in piú salti tra la schiuma. – Per troppo tempo non abbiamo ascoltato il grido d'aiuto dei nostri amici scacciati dalle foreste, che l'uomo abbatte pensando che siano infinite. Per troppo tempo abbiamo abbandonato i nostri compagni piú indifesi alla schiavitú negli allevamenti intensivi, nei campi di concentramento dei mattatoi, nei carri bestiame dove è meglio morire che arrivare alla fine del viaggio, nei wet market dove si viene scelti, condannati e giustiziati con un unico gesto incurante, nelle gabbie degli zoo dove i felini in cattività sono piú numerosi di quelli liberi nelle terre selvagge, nelle celle dei laboratori dove si viene sottoposti agli esperimenti piú atroci.

– Bravo! Bravo! – squittí commossa la delegazione delle cavie, allineata sul bordo del lago. – E che dire della loro ruota della morte, – esclamò il criceto, trovando tra le file dei canarini un'inaspettata solidarietà. – Non parlate di morte a noi, – starnazzò un'oca del gruppo di Strasburgo, – che moriamo sempre col fegato ingrossato e, vi assicuro, di pessimo umore –. Si levò un acuto belato di protesta sul lato sinistro del gregge delle pecore, riservato agli agnellini: – Siamo la delegazione piú giovane, ma tra le piú antiche a soffrire. Da quando l'uomo decise che tra tanti animali si dovesse sacrificare proprio noi, i piú innocenti, i piú teneri, i piú candidi, noi che quando piangiamo siamo cosí simili ai bambini –. Si gonfiò di orgoglio, dal suo improvvisato trogolo di fanghiglia, il capogruppo dei maiali: – E perché, nei riti piú antichi non erano i nostri cuccioli a morire sgozzati, sostituiti ai neonati dell'uomo, piccoli, rosei, lisci come loro? Lo sapete cosa si dice tra gli uomini? Che di noi non si butta niente! Siamo i piú sfruttati, allevati, divorati.

– Ma almeno in metà del mondo non vi mangiano, – sottolineò il montone, abitatore dei deserti. – A cosa serve essere il compagno del pastore errante nell'Asia? Non ti salva dall'essere arrostito e infilzato a pezzi in uno spiedo da kebab –. Un muggito potente fu a quel punto emesso dal grande stuolo delle mucche occidentali, che nella regalità olimpica dei loro occhi avevano tante sorelle imprigionate, messe all'ingrasso e infine, per tutta ricompensa, macellate e trasformate in bistecche.

Il baccano era ormai, come suol dirsi, bestiale. Conigli, anatre e tacchini si davano sulla voce sciorinando le ricette delle ricorrenze piú importanti in occasione delle quali venivano cucinati, lasciando cadere parole del gergo umano come «ripieno», «all'arancia» e «salmí», per essere interrotti da una spettacolare emersione di vegliarde aragoste, che alzando le chele arancioni contro l'orizzonte turchese ricordarono a tutti in che maniera finivano in pentola. Fu lí che dalle acque trasparenti della baia affiorò la flottiglia dei tonni e a nome di tutto il popolo del mare, molluschi compresi, cominciò a sgranare il suo rosario di penitenze e mattanze, mentre la spigola e perfino la medusa dei mari orientali si contorcevano in segno di indignazione. – Sushi, – bisbigliò traducendo il panda al grizzly che gli sedeva accanto. Cosí, tra le grida della selvaggina di cielo e di bosco, il tumulto bovino, suino ed equino, lo scomposto vociare ovino, montava l'indignazione generale.

– Ordine! Ordine! – tornò a urlare il tricheco, facendo echeggiare il suo grido su per il dorso della montagna e faticando a tenere a bada le foche sue cugine, che guidavano la protesta congiunta delle lontre, dei castori e dei piú aristocratici animali da pelliccia – gli ermellini, i visoni, gli zibellini – scaglionati lungo la parete boscosa di roccia. Anche le grandi fiere – il leopardo, la tigre – si erano innervosite pensando a quanti loro simili erano diventati cappotti, se non addirittura scendiletti. Il cervo bramiva ricordando gli usi umilianti delle sue corna, appese alle pareti, intrecciate in mobili, divenute volgare simbolo nei gesti dell'uomo. L'elefante barriva l'avorio delle sue zanne, la tartaruga piangeva le scaglie del suo carapace, nessuno ascoltava piú nessuno. E fu allora che roteando in lenti cerchi concentrici, quasi invisibili, da una radura di fiori di timo, inudibile in quel frastuono nel suo tenue ronzio, atterrò sulla testa del giaguaro l'ape regina.

Il popolo degli insetti tacque in segno di venerazione, subito seguito da quello degli uccelli. Anche il cormorano, che insieme all'albatro stava rimuginando tristi memorie di viaggi per mare e chiazze di petrolio, si voltò di scatto e fissò gli occhi in quelli neri e ipnotici della minuscola sovrana. Il grande orso bruno avanzò tra la folla, che gli fece largo, mentre il silenzio pian piano tornava ad avvolgere il monte e la baia. Come tutti sanno, l'orso è un gentiluomo puntiglioso all'estremo, che non cede di un passo dal suo cammino, nemmeno dinanzi a un principe; anzi la cosa piú saggia per chi lo incontra è voltare strada e prendere un'altra direzione, perché se si accorge che qualcuno gli fissa gli occhi addosso lo considera un affronto ed è pronto a lasciare tutte le altre sue faccende per ot-

tenere cavalleresca soddisfazione. È questa la prima delle sue qualità. L'altra è che, oltraggiato una volta, non ve la perdona mai piú, non vi lascia piú né notte né giorno, vi tallona finché vi abbia raggiunto e si sia vendicato.

Ma in questo caso si inginocchiò davanti alla regina, in segno di eterna gratitudine per il miele, che addolciva la sua vita e lo rimetteva in forze appena usciva dal letargo, magro, stanco e affamato, facendolo risorgere al ritmo della natura, di cui il popolo della sovrana assicurava gli eterni legami, nel suo continuo traffico di pollini. – Signora dei fiori e del lavoro, amica della natura, messaggera d'amore, tu che nella tua saggezza organizzi, tra le stanze dorate dei tuoi alveari, il rinnovarsi della terra, – l'orso chinò il capo, non era abituato ai discorsi, e tagliò corto: – Metti ordine tu, ti prego, nell'assemblea. Parla, nessuno ti interromperà, – aggiunse guardandosi minaccioso intorno.

Il giaguaro si inchinò a sua volta e accettò con fierezza che il velluto maculato del suo capo facesse da trono all'ape regina. La quale disse: – Ho difeso piú volte la mano dell'uomo, perché la conosco. Conosco la sua intelligenza e la sua rabbia. Conosco il suo cuore e la sua paura. Anche la sua sofferenza. Il popolo delle api, – sussurrò soavemente, increspando le ali, – è tra i pochi ad avere raggiunto un accordo con quella giovane specie. Le abbiamo insegnato la pazienza e i movimenti lenti, la convivenza sociale, le abbiamo fatto capire che nessuna impresa può essere portata a termine da soli. Abbiamo alleviato le sue malattie e addolcito le sue giornate. Anche se non, – sorrise con irresistibile fascino, – quanto quelle del gentiluomo che mi ha voluto introdurre, – e guardò l'orso, che arrossí come solo gli orsi sanno fare. – Siamo state generose del nostro tempo e delle nostre arti, perché speravamo che l'uomo imparasse che c'è una parentela tra la terra e il cielo, la psiche e la carne, il corpo e lo spirito, e questo universo si regge sui loro legami. Che la natura è un unico sistema fatto di infinite e meticolose connessioni, e il mondo ha un'unica anima, fatta di tutto ciò di cui noi, come dice il nostro nome, animali, siamo specchio. Che la sopravvivenza è di tutti, o di nessuno. Che il ciclo della vita, la legge di natura, sono crudeli ma non stupidi. Si distrugge solo per creare, e ciò che è creato verrà distrutto, e cosí all'infinito. Lo sappiamo bene noi bestie, che incessantemente mangiamo e siamo mangiate, inseguiamo o fuggiamo, cacciamo o ci nascondiamo, dall'inizio dei tempi. Ma proprio per questo, come bene ha scritto un amico poeta inglese, eseguiamo i precetti della natura con prontezza e abilità, senza mai cedere alla cattiva condotta, salvo di tanto in tanto, per caso. Siamo dotate di buone maniere dalla nascita, non sgomitiamo per farci strada. Non supplichiamo, non chiediamo pietà, non ci diamo per vinte. Non mostriamo segno di sapere che siamo condannate, anche se lo sappiamo benissimo. Ma viviamo tenendoci lontane dalle illusioni come dal mare aperto. Dicono gli uomini che sia l'istinto a guidarci, mai io lo chiamerei senso comune –. L'ape regina fece una pausa assaporando l'effetto delle sue parole. – Quale senso comune, amici, vediamo oggi nell'uomo? Quale? – e gonfiò le ali facendole vibrare: – Quale? – ronzò piú forte alzandosi di qualche centimetro in volo dalla testa del giaguaro.

– Quale? – risposero in coro muggiti, ruggiti, bramiti, ululati, guaiti. Un'unica onda sonora percorse il monte, la foresta, il mare. Fu allora che gli sguardi di tutti si posarono sull'ospite d'onore. Fu invitato a parlare il koala.

Capitolo III
Il testimone

Una zaffata di eucalipto invase l'aria, mentre il koala avanzava lentamente dal banco dei testimoni al seggio piú alto dell'assemblea. Era tra gli animali, il koala, il piú timido e riservato. Anche il piú indifferente alle classificazioni degli uomini: ungulato senza essere feroce, marsupiale senza sentirne il bisogno, di buon carattere ma solitario, mansueto ma non addomesticabile. Le forti emozioni non erano mai rientrate nel suo ideale di vita. Tutto quello che chiedeva alla natura era una quantità sufficiente di foglie di eucalipto – le stesse che certi umani arrotolano e fumano per rilassarsi – e un discreto numero di ore di sonno indisturbato. Ma adesso il koala era turbato. Lo si sarebbe anzi potuto dire in stato di choc. Non dormiva dai giorni del grande incendio: non ne erano passati molti, ma abbastanza, sommati alla fatica del viaggio, per trasformare un animale sereno, pacifico ed equilibrato in un reduce invecchiato di colpo, deperito, tremebondo e con lo sguardo di chi è appena tornato dall'oltretomba. Gli faceva da scorta un gruppo composto di quoll, vombati e opossum pigmei adolescenti, che lo trattavano come un nonno adottivo. Il koala si sedette a fatica, imitato dal suo seguito, e fece una lunga pausa per riprendere fiato, sventolandosi con un rametto di eucalipto. Poi, finalmente, parlò.

– La terra era buia. Era notte sempre. Il fumo soffocava. Gli alberi bruciavano. Non potevamo arrampicarci. I miei amici sono andati a fuoco con le foglie. L'amato odore di eucalipto misto a quello di carne bruciata. Non mangerò mai piú l'eucalipto –. Si interruppe con un singhiozzo, trattenendo le lacrime. Non volava, letteralmente, una mosca: anche il popolo degli insetti, maestri di disciplina insuperabili nel mettere alla prova ogni animale o umano durante i suoi esercizi di concentrazione o le sue silenziose preghiere, taceva, in ascolto. – Non so come ho fatto a uscire dal bosco. Correvo, la gola bruciava, le forze mi abbandonavano, ero accecato. E però, amici, – gemette, – quando mi tornò la vista, e questo accadde fuori dal bosco, avrei preferito non vedere. A perdita d'occhio, nella pianura, fino all'orizzonte, sagome nere come rocce, esanimi, l'una dopo l'altra. Animali molto piú grandi di me o molto piú piccoli, che erano riusciti a emergere dall'inferno del fuoco solo per stramazzare, chi completamente carbonizzato, chi asfissiato, chi, dopo indescrivibili agonie, semplicemente arreso. Chi non moriva per il fuoco era ucciso dalla mancanza d'acqua. E chi cercava di procurarsela veniva abbattuto dai fucili degli uomini, cosí pochi, specie laggiú, rispetto a noi, ma cosí gelosi delle loro riserve –. Il bramito di dolore del popolo dei dromedari e dei cammelli, accovacciati sulla sabbia, salí a commento per le balze della montagna.

– Io stesso morivo di sete. Si dice che il koala sia un animale che non beve. Non è vero. Tutti abbia-

mo bisogno di acqua. E io, mi vergogno a dirlo, ero
cosí disperato che facendomi largo tra i mucchi di
cadaveri raggiunsi la strada dell'uomo. Gli uomini pensano che noi animali non chiediamo perché
non capiamo. Non sanno che non lo facciamo solo per gentilezza. E io chiesi. Fermai una donna,
era in bicicletta, aveva una borraccia, gliela indi-
cai, mi diede da bere. I miei amici, milioni, dicono

un miliardo in pochi giorni, tutti morti per mano
degli uomini. E io qui vivo grazie a uno di loro.
Capite? Capite? – La voce del koala si ruppe de-
finitivamente in uno scroscio di lacrime, e con un
ultimo rantolo quasi incomprensibile: – Mi hanno
tolto tutto, anche l'odio.

Il koala abbandonò il seggio stremato, sorretto
dal suo seguito, nel generale silenzio. Nessuno se
la sentiva, dopo quella testimonianza, di prendere la parola. Fu ovunque un incrocio di sguardi, uno
spiarsi, un soppesarsi, un annusarsi. Già in passato gli schieramenti, nell'assemblea degli animali, si
erano divisi. C'era chi difendeva d'ufficio l'uomo e
sosteneva la necessità di un compromesso in nome
della convivenza tra le specie, che dalle origini ri-
spettavano la legge di natura: quella del piú forte.
L'uomo dopotutto, sostenevano questi moderati,
non era altro che un grande predatore, che con le
sue forze e la sua intelligenza aveva salito tutti i
gradini della scala alimentare, e di ciò gli andava
dato atto. Non se ne avessero a male i grandi sovrani del passato, i re delle giungle, dei cieli e degli oceani, avevano sostenuto per millenni i fauto-
ri della coesistenza: per ogni èra c'è sempre stato
e sempre ci sarà un predatore alfa, e la nostra èra è
quella dell'uomo. Di tutt'altro avviso era lo schie-
ramento opposto: ma quale sovrano, l'uomo non
era che un usurpatore. Ma quale legge di natura,
l'uomo le leggi se le faceva da solo per distrug-
gerla, la natura. E quale convivenza, se la vita delle
specie non umane era minacciata di estinzione. E
non solo gli animali, anche le piante, e l'aria stessa, e l'acqua, e tutto quello che l'uomo chiamava

ecosistema, e che gli animali chiamano casa, erano in pericolo.

Questo pensava senza dirselo l'intera assemblea. Tutti sapevano perché erano stati convocati e che era il momento di scegliere da che parte stare.

Capitolo IV
La strategia del topo

Seduto sotto un ponte si annusava il re dei topi.
Forse, pensava, dopo tanti secoli il suo momento
era finalmente arrivato. Si sa, quando un'assemblea è ammutolita, assorta in pensieri contrastanti,
basta poco a infiammarla se si sanno usare le parole giuste. E lui le parole le sapeva usare da milioni di anni. Non aveva niente da imparare dal linguaggio ridondante dell'uomo. Lo aveva studiato,
e nessuno tra gli animali conosceva la razza umana
quanto lui. Per generazioni i topi avevano osservato e aspettato. Erano scesi di notte dalle cappe
dei camini spenti, si erano affacciati ai bordi delle
culle. Erano saliti di giorno dalle cantine, avevano
spiato le cene al lume incerto della candela, aspirando l'odore del lardo su cui veniva strusciata la
polenta. Erano sbarcati dalle navi per conquistare
gli stessi mondi che conquistavano gli uomini e in
questi mondi, come certi altri esperti dell'animo
umano, avevano quasi sempre portato la peste. Ma
erano sempre stati sconfitti e relegati nel mondo
sotterraneo, tra i rigagnoli delle fogne, nelle fosse
di scarico, nei bidoni dell'immondizia. Immondi,
reietti, scacciati dal trono che per intelligenza, rapidità, adattabilità sarebbe loro spettato. Uomini
e topi: questo, da che le due specie erano compar-

se sulla terra, era stato il vero duello. Ora il re dei topi aveva l'occasione di vincerlo. Il suo esercito era il piú grande, i suoi generali erano accanto a lui, proprio in quel momento.

Nel ruscello torbido, le loro sagome plumbee affioravano appena dal pelo dell'acqua, le loro code sottili come baionette si rizzavano nervose, i loro denti affilati come pugnali nel fodero delle bocche serrate erano pronti a mordere l'occasione. Legioni e legioni. Scattò velocissimo e prima che chiunque potesse fermarlo raggiunse il seggio e nel silenzio generale il suo squittio parve un ruggito.

– Peste. Ci vuole la peste. Ne abbiamo di ogni tipo. Nera, bubbonica, polmonare, per limitarci a quelle cui l'uomo ha dato propriamente questo nome. Ma sapete tutti che noi, il popolo dei topi, disponiamo di un vasto catalogo, e ben sperimentato. La nostra rete mondiale assicura serietà e rapidità. Da millenni diffondiamo epidemie con efficienza ed efficacia. Abbiamo sempre garantito un significativo decremento della comunità umana. Con la peste antonina, solo per citare un esempio di cui siamo ancora particolarmente orgogliosi, abbiamo diminuito del quaranta per cento – secondo le stime piú caute – la popolazione e causato, lo dico senza falsa modestia, la caduta dell'Impero romano. Abbiamo con rigore e metodo ridotto la demografia del Medioevo occidentale a un'accozzaglia di manieri e catapecchie, senza dare agli uomini di quelle regioni la possibilità di ricreare uno Stato. Le nostre gesta sono state descritte dai loro massimi storici, cantate dai loro piú grandi poeti, hanno ispirato le trame dei loro piú celebri romanzi. Per-

ché sanno bene che il bacillo della peste non muore né scompare mai, che può restare per decine di
anni addormentato nei mobili e nella biancheria,
che aspetta pazientemente nelle camere, nelle cantine, nelle valige, nei fazzoletti e nelle cartacce e
che verrà il giorno in cui, sventura e insegnamento degli uomini, la peste sveglierà i suoi sorci per
mandarli a morire in una città felice.

Il re dei topi, che ormai sentiva di avere l'assemblea in pugno, si avviò alla conclusione. – Io
vi dico, fratelli: lasciateli a noi. Ci avete impedito
negli ultimi secoli di agire, lasciandoci diffondere,
non senza frustrazione, solo malattie minori, umilianti, come la leptospirosi o la salmonella. È tempo di darci pieni poteri. Io vi garantisco un uomo
morto per ogni animale morto. Come dicono loro,
occhio per occhio, – concluse strizzando il suo,
– dente per dente, – sorrise, scoprendo i suoi.

Capitolo v
Predicò l'aquila, ruggí il leone

Il topo non fece in tempo a godersi gli applausi che stavano cominciando a levarsi da alcuni settori dell'assemblea, ed ecco che una grande ombra roteante si proiettò sul parlamento degli animali, oscurando a tratti il sole. Planando con grazia antica scese dal cielo turchese la feroce aquila reale. Il topo ebbe un riflesso di terrore e, dimenticando il decreto di sospensione della legge di natura si nascose, ratto come il suo nome, dentro una felce. Stringendosi con gli artigli alla pietra del seggio, cosí parlò l'aquila: – In principio era il grido, e il grido sono io, che sono immagine e sembianza del loro dio –. Le schiere delle intelligenze alate erano disposte, secondo la loro celeste gerarchia, a rispecchiare la formazione di volo delle grandi migrazioni. Sotto i troni dei rapaci imperiali stavano le dominazioni delle oche, quindi le candide potestà dei cigni e i principati delle bionde casarche. Piú in basso ancora le anatre dalle piume tinte di nero, bianco e rosso come serafini, e cosí a scendere fino ai pivieri cherubici sul pelo del lago. E poiché nell'ordinamento degli uccelli i gradi inferiori hanno anche le illuminazioni e i poteri dei gradi superiori, tutti compresero con uguale intelletto e accolsero le parole del re con uno scintillio d'orgoglio negli occhi.

– Per i poteri che mi conferisce la mia regalità
in ogni angolo del cielo, – proseguí l'aquila, – per
la vastità delle distese e dei regni che conosco e
osservo col mio occhio imparziale, per la sapienza
che anche l'uomo nei millenni mi ha riconosciuto
e dei cui dèi sono simbolo e avatar, vi dico: non
c'è niente di nuovo sotto il sole. A tutti tocca la
stessa sorte. Il destino degli uomini e quello delle
bestie è lo stesso. Come muoiono queste, muoiono
quelli. Non c'è superiorità dell'uomo sulle bestie.

È vero che il cuore degli uomini è pieno di male
e che la stoltezza vi alloggia mentre sono in vita,
ma poi se ne vanno tra i morti. Queste generazioni umane periranno, altre ne verranno, e ancora
periranno. Il loro amore, il loro odio, la loro ignoranza, tutto sarà finito. La loro nuda e fragile mano è solo un fuscello che ora fa attrito nella grande ruota dell'universo, ma non può fermare il suo
congegno né spezzare la sacra alleanza della natura
vivente: meglio un cane vivo che un leone morto,
è scritto. Da eoni noi aquile vediamo brulicare le
miserie umane sotto il sole. Imperi che nascono e
muoiono, popoli che migrano, figli caduti in guerra come formiche schiacciate dal piede incurante
del contadino, come i soldati di Achille; città an-
nientate come alveari in fiamme, ladri divenuti re,
giusti finiti al rogo come vittime sacrificali.

Questo è il destino dell'uomo sotto il sole. Se deve estinguersi si estinguerà, se deve prevalere sarà
solo per il tempo assegnatogli. Guai ad anticipare
gli eventi, io vi dico, noi avvezzi alla pazienza, custodi dei cicli delle stagioni, testimoni di infiniti
equinozi. Non c'è niente di nuovo sotto il sole, né

noi possiamo cambiare ciò che avviene sotto il sole –. La felce sotto cui si era nascosto non bastò a proteggere il topo dallo sguardo di eterno disprezzo che l'aquila gli aveva lanciato.

Non era abituato, il re del cielo, a essere contraddetto. Ma questa volta lo fu. Mentre ancora col grande becco arcuato stava concludendo il suo discorso, la cima del monte risuonò di un terribile ruggito, che impietrí l'assemblea: – Un leone morto, hai detto? Uno solo? Tu sarai il re del cielo, aquila reale, ma io sono il leone, il re delle foreste e delle terre sotto il sole. E il mio occhio, forse non cantato dai poeti quanto il tuo, vede però la terra, per cosí dire, terra terra. E ciò che vede sono i pochi di noi, infelici pochi, rimasti dopo gli stermini, e i pochi dei nostri pari, – e cinto del collare della sua criniera, nel manto di velluto che seguiva i suoi muscoli come la corrente il corso del fiume, gonfiò il suo cuore di leone e indicò le tigri, le pantere e gli altri grandi felini adagiati accanto a lui, – e i pochi dei nostri lord –. Poi si volse e con la grande mascella protesa invitò a mostrarsi i vassalli, i cavalieri, i fanti e anche i piú umili servi venuti fin lí a rendere testimonianza. Secondo il cerimoniale in uso nei feudi del re, tutti i sudditi raccolti di fronte a lui si disposero al rito. Come il giunco che si cala aspettando che passi la piena, le creature della savana chinarono il capo ed emisero il verso universale dell'obbedienza di natura: – Evoè –. I manti delle lepri e dei lemuri, delle manguste e dei mandrilli, dei bufali e degli gnu, degli sciacalli e delle linci si distesero in atto di prostrazione, rivestendo la radura come tappeti da preghiera in

una grande moschea. – Evoè, evoè, evoè, – ripetevano. E mai come allora quell'esclamazione di
gioia parve un grido di guerra.

– Tu parli di eoni, aquila, – riprese il leone, – ma
tutto si è consumato in poche stagioni. Il mio popolo
viene decimato a vista d'occhio. Ciò che avviene
nell'ocra delle savane si trasmette all'azzurro degli
oceani, al verde delle foreste pluviali, al bianco accecante dei poli. Il nostro sterminio è lo sterminio
di tutti, poiché un'unica interruzione nella connessione tra i viventi dissolve i legami della natura. L'azione iniqua del cacciatore d'avorio, – e si
rivolse al gigantesco e gentile popolo degli elefanti dalle lente proboscidi che annuivano luttuose,
– provoca una simultanea reazione all'altro capo
del globo, come un uragano è generato dal lontano
battito d'ali di una farfalla. L'uomo sta portando
il caos in ciò che tu chiami ordine, in ciò che lui
chiama cosmo.

Tutti gli sguardi si appuntarono sull'orso bianco,
che aveva lasciato la sua erosa zattera di ghiaccio,
residuo della banchisa polare in cui viveva, condannato alla fame e a una sconfinata solitudine. Ma
lui restò immobile e, come suo solito, non proferí
parola. E il suo silenzio parve rumoroso come l'urlo perenne dei ghiacciai che, sciogliendosi sempre
piú rapidamente, si frangono e precipitano in mare. L'orango, invece, cominciò a battersi il petto
con le mani rosee: – Dei nostri, nelle foreste pluviali scacciate dall'avanzata dei palmeti piantati
dall'uomo, ne muore di fame uno ogni ora, – gridò da dietro il totem tondo e schiacciato del suo
volto, mentre dalle quinte dei bambú emergevano

le maschere bianche e nere dei panda, che portano su di sé come il segno del tao la lotta tra vita e morte della loro specie.

– Noi pochi, – ruggí il re leone. – Noi felici, pochi. Noi manipolo di fratelli. Poiché chi verserà il suo sangue con me, ghepardo o ragno, sarà mio fratello, e per quanto umile la sua specie, sarà d'ora in poi innalzata, e tanti vertebrati o invertebrati ora nelle loro tane si sentiranno maledetti per non essersi trovati oggi qui, e sentiranno venire meno la propria forza riproduttiva a sentire i racconti di chi avrà combattuto questa santa guerra all'uomo!

Capitolo VI
Il dilemma del cane

Non fu facile per il cane prendere la parola. Era da un po' che aveva fiutato l'aria che tirava in assemblea. Pur essendo un meticcio, incrocio tutto sommato ben riuscito tra quello che gli uomini chiamano bracco e un cane pastore, era stato scelto come portavoce dai piú diplomatici esemplari di razza pura – levrieri, dalmati, alani, barboncini, terrier – che lo avevano lusingato – «va' tu che sei piú bravo a parlare coi selvaggi» – ma in realtà non si erano neppure sognati di abbandonare le loro preziose dimore per affrontare prima un lungo viaggio e poi, e questo era il vero problema, l'increscioso pregiudizio anticanino della quasi totalità del regno animale.

In effetti non era facile. Anzi, era una missione quasi impossibile. Per chiarirsi le idee cercò di ricordare ciò che in occasioni simili vedeva fare dal suo padrone: primo, compilare una lista dei problemi, gli uomini compilano sempre liste e questo sembra aiutarli; secondo, depennare i problemi dalla lista man mano che vengono risolti; terzo, stendere una lista dei problemi rimasti; quarto, temporeggiare finché non si risolvano da soli; quinto: rassegnarsi a conviverci se non si risolvono, e, sesto, cestinare la lista, riservandosi di prepararne un'altra in un momento di rinnovato entusiasmo.

La vita degli uomini, i cani lo sanno, è difficile. Contrariamente agli animali, non controllano il loro tempo, hanno sempre dubbi, non sanno scegliere, pochi sono guidati dall'istinto, quasi nessuno piú da quella legge di natura che ordina a ogni piú piccolo abitante della terra di svolgere il suo compito subito, senza esitazione, senza imprecisione, senza incertezze. Nascere, sopravvivere, mangiare, riprodursi, morire; e nel frattempo godere l'attimo. È la lista per tutti tranne che per l'uomo. E il portavoce dei cani provava una grande pena per lui, e questo era uno dei problemi, in quel momento, della sua personale lista.

Il secondo era un conflitto di fedeltà. Si dice che il cane obbedisca all'uomo come a un capobranco. La si può anche mettere cosí, ma questa storia dell'obbedienza era riduttiva. Era un patto concordato fra entrambe le parti. Abituato da millenni a onorare l'accordo che i suoi antenati avevano stipulato con l'uomo – io ti segnalo il pericolo, tu mi dài da mangiare –, nessun cane poteva di punto in bianco rescindere il contratto; né lo voleva.

D'altro canto le parole del koala e di tutti gli altri lo avevano colpito, e conosceva inoltre la condizione dei suoi molti confratelli maltrattati dall'uomo: cani bastonati a morte, avvelenati, segregati nei canili, legati tutta la vita alla catena, violentati, vivisezionati nei laboratori, costretti a combattere per gioco all'ultimo sangue. Questo era il terzo problema della lista. Non riusciva a capire come fosse possibile che la specie colpevole di tanti misfatti fosse la stessa cui apparteneva il suo padrone, che lo nutriva, lo faceva giocare come un figlio, lo portava a passeggio anche

nei giorni di pioggia, gli confidava sogni e progetti, lo curava quando era malato e lo faceva sentire qualcosa di piú di un animale. Gli aveva anche dato un nome importante, Montmorency, presto abbreviato in MoMo perché piú rapido fosse il richiamo, piú veloce il suo accorrere quando aveva bisogno di lui. E il suo padrone di lui aveva bisogno spesso.

L'ape regina aveva detto giusto parlando della fragilità e della sofferenza dell'uomo. Ma il cane conosceva in lui qualcosa di piú profondo. Dal principio dei tempi lo aveva accompagnato al sorgere del sole custodendo le sue greggi dal vello crespo, aveva vegliato i suoi sogni turbati dai pericoli e dai fantasmi delle notti. Aveva cacciato con lui non solo la screziata selvaggina della sua tavola, ma anche le nere belve di cui l'uomo era preda e che non sempre erano reali. Accanto a lui si era accucciato davanti al danzare del fuoco, percependo negli anelli di fumo dei suoi disegni lo scintillio delle sue visioni. Aveva partecipato ai suoi riti, era stato assunto tra i suoi dèi, arruolato nelle sue battaglie, insignito delle sue onorificenze. Lo aveva aiutato a riportare alla vita, scavando tra le macerie nel rombo dei terremoti, raspando nella neve tuonante delle valanghe, nuotando nell'urlo del mare in burrasca. Aveva guidato i suoi occhi ciechi attraverso gli ostacoli del mondo, e l'uomo si era ciecamente fidato di lui. Il suo padrone il cane lo aveva sempre riconosciuto, anche di ritorno da una lunga guerra e da un travagliato vagare per mari, e come in uno specchio cane e padrone si erano guardati ormai vecchi ricordando e piangendo i tempi in cui erano due cuccioli. Questo era amore.

Ma, ultimo problema, MoMo non trovava, negli infiniti idiomi e segni attraverso cui gli animali esprimono la legge del desiderio che li lega l'un l'altro e a tutta la natura, una forma di espressione adatta a spiegare lo strano tipo di amore dell'uomo, e neanche la misteriosa e invincibile devozione del cane.

Con tutta la lentezza possibile, trattenendosi con aria indifferente ad annusare qua e là, indugiando a grattarsi senza convinzione, ansimando con la lingua di fuori, alternando i diversi tipi di respirazione canina e procedendo a zig-zag, MoMo aveva raggiunto il seggio. Ma, proprio come un uomo, non era venuto a capo della sua lista. Tutto quello che riuscí a dire, con le orecchie basse e la coda tra le gambe, fu: – Bau.

Capitolo VII

Cosí cantò la balena

L'assemblea neanche se ne accorse – forse lo udí qualche gallina, qualche anatra, qualche piccione – con l'eccezione di una sottile figura diafana, invidiabilmente adagiata, a distanza dal resto degli animali, su un ciliegio fiorito, nel punto piú comodo, soleggiato e con la visuale migliore. La gatta bianca, quasi invisibile tra i petali bianchi, era stata in osservazione del comportamento di MoMo e ne aveva letto i pensieri: era questa una delle doti della sua specie. Quando MoMo le passò accanto mortificato, gli fece un gran sorriso. – Oh be'! – ansimò MoMo. – Ho visto spesso un gatto senza sorriso, ma questo mi sembra quasi un sorriso senza gatto –. Dal bianco scintillò un paio di occhi verdi bistrati: – Guai al canarino indifeso caduto dalla gabbia, | guai al pechinese viziato che ha affrontato la mia rabbia. | Guai all'ispido topo nascosto su una nave | e guai a qualsiasi cane si proponga di parlare! – miagolò. E aggiunse: – La prossima volta dovrò parlare io –. MoMo, alzando lo sguardo sotto le palpebre pesanti, rispose triste: – Non ci sarà una prossima volta –. La gatta drizzò le orecchie: il giaguaro aveva ripreso la parola.

– Per i poteri che mi conferisce il ruolo di moderatore di questa assemblea, di cui vi ringrazio, – scandí il giaguaro, – ascoltati i pareri di piú rappresentanti di ogni genere, razza e specie, grandezza, ordine e grado, secondo i principî di pluralismo che governano il nostro parlamento; sentite le posizioni dell'ape regina, del topo, dell'aquila e del leone; raccolta la testimonianza del koala, cui si sono aggiunte quelle spontanee di molti di voi; a conclusione dei lavori e del dibattimento, mi permetto di interpretare il pensiero comune e sintetizzarlo in un solo interrogativo: è arrivato il momento di scendere in guerra contro l'uomo? – Spostò le fessure degli occhi sul leone e sull'aquila. – Su questo sono in disaccordo i sovrani di due regni, e non dubito che lo stesso divario di opinioni sia condiviso dai loro sudditi, dagli uccelli sospesi nel cielo e dalle bestie acquattate sulla terra e in cui è alito di vita, – concluse solenne rivolto all'intero emiciclo. – Perciò propongo di appellarci alla piú antica e saggia delle maestà, che

domina il terzo regno, le pianure liquide da cui tutti proveniamo.

Fu come quando, ai tempi degli antenati, dai mari emergevano i continenti e le isole e si disegnavano sotto i loro occhi contro il cielo in un gorgogliare di schiuma. Oltre la falce bianca della baia, nel mare aperto le cui chiome canute si stavano dorando e imporporando fino a prendere il colore del vino, per primi, come araldi, zampillarono i delfini. Lungo la loro scia, a pelo d'acqua, come dervisci danzanti palpitavano le meduse. Stendardi di pesci colorati si prostravano lungo il corteo, accendendolo dei riflessi dell'iride. Infine, la guardia d'onore dei narvali, unicorni del mare, presentò le armi: le spade sguainate sotto il sole declinante descrissero un immenso cerchio argenteo al largo. Da lí si alzò prima un gran getto d'acqua, i cui spruzzi arrivarono fino in cima alla montagna, poi emerse come un'isola di calcare, lenta, titanica, la balena.

Aveva la fronte rugosa, la mandibola storta, la coda mostrava tre colpi di arpione sulla pinna destra. Il suo canto, come quello che gli uomini attribuivano alle sirene, si impadroní della mente e del cuore di ogni singolo animale, e non solo di quelli riuniti nel luogo dell'assemblea, ma anche di quelli a milioni di chilometri di distanza. Tutti, nello stesso istante, ovunque si trovassero, si immobilizzarono, in ascolto di quella vibrazione che li penetrava e risuonava dentro di loro. Ogni predatore allargò i denti e lasciò cadere la preda. Ogni mosca rimase a mezz'aria. Su per le montagne ogni mulo interruppe, a buon diritto per una volta, il suo lavoro. Ogni corteo di formiche, giú sulla nera terra, si fermò.

Intorno ai continenti il mare si gonfiava, si gonfiava senza tregua, come se le sue vaste maree fossero la sua coscienza, come se la grande anima del mondo provasse angoscia e rimorso del lungo peccato e dolore che l'uomo aveva causato. Ma la

balena, che era la custode dell'anima del mondo, era emersa dall'acqua come un grande muro bianco per fare da diga all'angoscia del mondo. Tutti gli animali tradussero simultaneamente, ciascuno nella sua lingua, le parole melodiose e severe dell'oracolo che cantava: – Quelli che servono idoli falsi e abbandonano l'amore della natura siano gettati nell'abisso, nel cuore del mare, le correnti li circondino, le onde passino sopra di loro, l'alga si avvinghi al loro capo. La terra spranghi i suoi cancelli per sempre dietro a loro, dal profondo degli inferi gridino. Ma se con voce struggente canteranno, e impareranno dalla sventura, e adempiranno il voto fatto alla natura, che si salvino e siano rigettati sulla terra –. Tutti gli animali sprofondarono in meditazione.

Capitolo VIII

Che fare?

Al gabinetto di guerra parteciparono il giaguaro, l'aquila e il leone. L'ape regina si astenne, richiamata da una delle solite congiure di alveare. La discussione fu lunga. Interpretare gli oracoli è difficile: che cosa voleva dire colpire gli uomini ma non estinguerli? Fin dove bisognava arrivare? E, soprattutto, come? Insomma, che fare?

Il leone rispolverò vecchi scenari tattici, aggiornandoli giusto un po': circhi equestri usati come cellule di guerriglia, scorrerie di fiere addestrate, incursioni di bestie selvatiche dalla campagna in città. Fu obiettato dal giaguaro che i blitz affidati a predatori quali volpi, cinghiali, lupi, orsi e finanche pantere e tigri nei centri urbani avevano avuto un ben misero impatto. I cosiddetti incursori erano stati abbattuti, dopo essere stati catturati dagli occhi meccanici che gli uomini sostituiscono ai propri ed esposti come trofei nei loro circuiti di comunicazione. Oppure si erano consegnati alla convivenza, come il popolo delle volpi, che passeggiavano ormai non meno flemmatiche dei loro cacciatori in bombetta e guanti per le strade notturne di Londra.

L'aquila auspicò la strategia aerea. Gli alati erano uno degli incubi umani ricorrenti, come quel regista inglese aveva raccontato cosí bene. Lo si sarebbe potuto riproporre su larga scala. Fu obiettato dal giaguaro che alcune tra le piú versatili delle sue flotte, quelle dei gabbiani, avevano già infestato le città, ma il solo obiettivo che si fossero dati la pena di raggiungere erano state le discariche di spazzatura, che avevano espugnato ingozzandosi e ingrossandosi degli scarti velenosi degli uomini e imboscandosi nel cemento con ancora meno dignità delle volpi.

Certo, da sempre, se avessero voluto, gli animali sarebbero stati in grado di prendere il controllo del pianeta. Le aquile avrebbero potuto rapire gli uomini in cielo coi loro artigli, come già in passato avevano fatto, e gli umani lo ricordano ancora nei loro miti, ammise il giaguaro. Ed era incomparabile la forza del leone rispetto a quella dell'uomo, come i combattimenti dei gladiatori nel circo avevano tante volte dimostrato. «Hic sunt leones», dicevano un tempo gli uomini per delimitare i confini del loro mondo, oltre i quali non avventurarsi. Ma gli animali si erano sempre trattenuti dallo scontro di civiltà. La guerra in campo aperto non era mai stata un'opzione. E adesso?

– Ci sono piú cose tra cielo e terra, giaguaro, – disse l'aquila, – di quante tu ne possa concepire –. I venti di guerra si gonfiarono, in un'escalation tra i due regni. – I nostri uccelli oscureranno il sole, – gridava l'aquila. – Meglio! I nostri soldati combatteranno all'ombra, – ruggiva il leone. È da sempre arduo per l'umile cronista descrivere il momento in cui la storia sta per compiersi. Avviene quando gli stessi re e generali non comandano piú sul proprio volere ma lo spirito del tempo prende il sopravvento, irrompe a cavallo e butta all'aria i pezzi della scacchiera come un bambino che gioca. Come frammenti di un vaso scagliato piovvero sui convenuti frasi senza piú una forma, idee senza piú un pensiero, progetti tenuti insieme dalla rabbia. Sabotaggio a colpi di becco di tralicci e cavi elettrici; occupazione delle rotte aeree; bombardamenti a tappeto di guano; rivolta nei parchi naturali e negli zoo safari; golpe negli allevamenti dei maiali, proclamazione della repubblica suina; insurrezione,

non gandhiana, delle vacche indiane; liberazione dei mattatoi; classica invasione di cavallette, raid di calabroni, mobilitazione di legioni di zanzare, pioggia di rane, penetrazione sotterranea di termiti e blatte; *encierro* di tori al galoppo nei centri cittadini; rastrellamenti affidati a plotoni di gorilla per buttare fuori i barricati in casa; occupazione delle case da parte di commando di polli e tacchini, con picchetti di oche a guardia dei checkpoint; e finalmente presa della Bastiglia, irruzione della cavalleria, bivacchi alle fontane dei luoghi sacri.

Ma nessuno degli scenari e delle fantasie tattiche, con cui il regno del cielo e quello della terra si sfidavano sempre piú arditamente, era adeguata al monito della balena. La specie umana non doveva perire, ma imparare da una lunga pena.

Occorrevano armi piú sottili e selettive. Forse, si disse il giaguaro, bisognava riprendere in considerazione la proposta del topo. La sua specie, come prima aveva lui stesso pomposamente sottolineato, vantava una millenaria esperienza nella propagazione di malattie infettive capaci di sterminare ampie masse di umani ma anche, e questo poteva fare al caso loro, di risparmiarne almeno altrettanti, dopo averli sprofondati in un abisso simile a quello cantato dalla balena. Certo, la guerra batteriologica non avrebbe potuto essere affidata a un popolo reietto, ma pur sempre soggetto all'autorità del leone, come quello dei topi. Sarebbe stato un oltraggio inaccettabile per l'aquila.

Ma questo il topo lo sapeva benissimo. Non gli parve vero di essere chiamato a rapporto in quel consesso. Si forbí i baffi e squittí: – Mi sembra di capire che ci sia un problema tra gli uccelli e i mammiferi, un problema, oserei dire, diplomatico. Né l'autorità del regno del cielo né la sovranità di quello della terra vogliono cedere. Né, mi sembra di capire, siete in grado di trovare la strategia giusta per non irritare la balena –. Ridacchiò compunto, scoprendo i lunghi incisivi e crogiolandosi nell'attenzione dell'aquila e del leone e nell'approvazione del giaguaro. – Che cosa può fare questo umile, lasciatemi dire strisciante servitore per sovrani tanto nobili? Come può un semplice roditore trovare la soluzione che menti tanto elevate non riescono a vedere? E perché mai dovrebbe, essendo tenuto da loro in cosí bassa considerazione? Eppure si dà il caso che questo abitante del sottosuolo, appestatore dell'umanità, reietto tra le bestie, sia disposto, per il bene comune, a soffocare l'orgoglio, a dimenticare le umiliazioni e a confidare che quando tutto sarà finito le vostre signorie si ricorderanno di avere un debito, un grande debito nei suoi confronti. E si impegneranno a onorarlo.

– Che cosa vuoi? – tuonò il leone, impaziente di fronte a tanta spudoratezza. – Il tuo regno è la terra, maestà, – rispose il topo. – Cosí come quello dell'aquila è il cielo e la balena governa gli oceani. Il mio reame è quello oscuro dove non batte mai il sole. Ciò che io chiedo per il mio popolo è una parte di terra, una parte di cielo e una parte di mare. Una zona franca dove nessuno potrà mettere in discussione le nostre leggi, i nostri affari e il nostro stile di vita. E, se posso aggiungerlo, il nostro formaggio. Uno Stato dei topi, o meglio una confederazione di sorci, ratti e pantegane, divisa in cantoni, meglio se ai Tropici, dove nessun emissario o commissario potrà mai entrare. – E cosa ci daresti in cambio, – tuonò torva l'aquila. A questo punto il topo fissò gli occhi neri dritto in quelli dei due sovrani, prima l'uno, poi l'altro, e squittí: – L'unica soluzione che mette insieme le ali dei tuoi volatili, aquila, e il corpo dei mammiferi che tu governi, leone. Nonché modestamente una passabile versione di me stesso, della mia intelligenza e del mio know-how –. In quel momento, da una cavità della roccia, sbattendo le ali nere arrivò il pipistrello. – Lasciate, – disse il topo, – che vi presenti un amico, il topo con le ali.

Capitolo IX
Il ritorno del corvo

Si alzò in volo tra i primi, e non perché dovesse portare messaggi – l'esito dell'assemblea era noto in quel momento già a tutti gli animali della terra – ma per evitare la grottesca parata delle flotte di pipistrelli che avrebbe gremito il cielo entro breve, man mano che arrivava il crepuscolo e il rosso diventava violetto e poi cenere, dipingendo lo sfondo appropriato a quei mezzi mammiferi e mezzi volatili.

Quando, dopo giorni di traversata, il corvo arrivò nel cielo della piccola città in cui viveva, nello spiazzo tra le case avvistò come sempre il giardino quadrato, poco folto ma ordinatamente cinto da nere siepi punteggiate appena di bianco, stendersi sotto di lui nella traiettoria che lo avrebbe portato dritto all'antico tetto di tegole spioventi dove viveva. Vide su una panchina di marmo un uomo vecchio e barbuto. Guardava tranquillo il crepuscolo. Il corvo si fermò in aria battendo le ali: se avesse attraversato il giardino da quel lato, solcando il cielo da sinistra a destra davanti agli occhi del vecchio in segno di buon augurio, avrebbe tradito il proprio ruolo di messaggero. Teneva, come da millenni usavano fare i corvi, a dargli un avvertimento. Era esausto, ma ugualmente si rassegnò al

giro piú lungo in modo da tagliare il cielo da destra a sinistra, in segno inequivocabilmente infausto. Sbucò da sopra la geometria delle siepi mentre il vecchio ancora guardava in alto. Gli passò davanti agli occhi e attese il lampo che incrociava nello sguardo degli àuguri, gli antichi lettori del volo degli uccelli. Niente. Il vecchio non lo aveva neppure visto. Cosa stava guardando nel cielo deserto? – È troppo tardi, – si disse. – Gli uomini non sanno piú cogliere i presagi e non impareranno piú –. E ripeté ad alta voce, rivolto al vecchio ma soprattutto a se stesso: – Mai piú –. E se ne volò verso il suo tetto prima che arrivasse la notte.

Il sole rotolava verso l'altro emisfero e, facendosi largo nel buio del mondo che si ritirava al suo passaggio come un mare biblico, vi portava l'alba. L'occidente diventava oriente e sulle campagne della Cina meridionale il cielo accoglieva l'aurora che toccava con le sue dita rosee un villaggio contadino dove un bambino stava andando con il padre al mercato. Aveva con sé una gabbia. Dentro, come un cavaliere medievale nella sua armatura, scrutava attento il mondo esterno un pangolino. Era piú lungo del liuto che suonava suo padre durante le feste, ma stava raggomitolato su se stesso come un punto interrogativo e dalle scaglie lucide si apriva perplessa la bocca a proboscide, gli occhi puntati come spilli. Era una merce rara e proibita, per la carne delicatissima, specie se l'animale è bollito vivo, e le risapute proprietà afrodisiache delle scaglie. Avrebbero potuto mangiare riso per un mese con il ricavo della vendita. Aveva una zampa insanguinata. Il bambino lo aveva appena acchiappato, ancora stordito dal morso di uno degli enormi pipistrelli succhiasangue che in quelle notti di gennaio volteggiavano molto piú numerosi del solito sui tetti delle capanne in cui viveva, le ali nere che si spiegavano come mantelli e la maschera con le orecchie a punta da supereroe. Sembrava che il cavaliere oscuro in persona fosse venuto in soccorso della sua famiglia e le avesse offerto in dono quella preda preziosa, senza bisogno di soffocarla col fumo e prenderla a randellate come fanno di solito i cacciatori. Quasi già sentisse suonare i soldi in tasca, il padre per due yuan comprò un maiale. E nella piccola carovana che si inoltrava tra i banchi rossi di sangue nel sole del mattino il maiale comprato dal padre si strinse al pangolino, morso dal pipistrello, catturato dal bambino.

Parte seconda

Capitolo 1
Gli alleati dell'uomo

Racconta un'antica leggenda babilonese che quando l'uomo e la donna furono cacciati dall'Eden avanzarono tra le schiere immobili di animali come tra le ali di un esercito di statue. Nessuno osò proferire verbo o verso. Tutti sapevano che la trasgressione dell'uomo e della donna, causando l'esilio dal giardino, li aveva condannati per sempre alla legge di natura: nascere, sopravvivere, sopraffare, essere sopraffatti, soffrire, morire. I due bipedi con la testa china, tenendosi per mano, implumi e rosei, i fianchi coperti di foglie, si avviavano verso le porte del paradiso sotto il primo cupo tramonto che vedevano con occhi mortali, e quindi ancora piú bello e struggente e sfuggente perché impermanente. Fu allora, secondo la leggenda, che due quadrupedi balzarono via dalle file silenziose e si unirono a loro.

Erano il cane e il gatto. Avevano preso quella decisione senza sapere perché. Un formicolio alle zampe, un drizzarsi del pelo, uno spasmo alle viscere come quando la luna è piena li avevano spinti sulle orme di quei piedi scalzi. Li seguirono spavaldi a pochi passi di distanza. Il cane scodinzolava senza imbarazzo davanti agli sguardi severi degli altri animali allineati sull'erba acerba o sui rami fioriti. Il gatto teneva la coda gonfia e dritta come un pennacchio, conferendo una certa solennità al corteo della strana nuova famiglia che si allontanava.

Ma, ci si potrebbe domandare, che cosa avevano fatto di sbagliato l'uomo e la donna per essere cacciati cosí ignominiosamente dal giardino? Su questo punto le versioni divergono. Secondo una variante del mito, la loro colpa era stata rubare il frutto proibito – mela, fico, melagrana? – dell'albero della conoscenza. Mangiandolo avevano conosciuto il segreto del bene e del male e di qui il castigo. Ma come avrebbe potuto un frutto nato dalla perfezione che allora governava la natura avere in sé qualcosa di proibito? E soprattutto, le specie animali, incluso l'uomo, non possedevano già la conoscenza? Non sapevano già distinguere il bene dal male? Non avevano continua memoria di questa opposizione, che governa l'universo? E come potrebbe essere una colpa, il conoscere?

Forse la tara originaria dell'essere umano non era la conoscenza, ma, al contrario, la dimenticanza. E non veniva dal frutto dell'albero ma dall'acqua, che non può essere contenuta in nessun vaso, di un ruscello chiamato Lete, che scorreva lí sotto, al quale la donna e l'uomo avevano bevuto. Questo li aveva resi diversi dagli altri animali, che si erano guardati dall'abbeverarsene, mentre gli umani avevano trasgredito al loro istinto.

Non vi è sciagura piú grave della dimenticanza. L'uomo, assaggiata quell'acqua, aveva perso nozione del suo stato. Aveva cominciato a considerarsi umano, ossia un animale che però è altro dall'animale. A poco a poco aveva dimenticato tutto ciò che le bestie ricordavano e ricordano ancora dell'abissale passato, delle ère, delle glaciazioni e dei disgeli, dei diluvi e dei terremoti, del ricorso delle comete e dello schianto dei meteoriti, dell'emersione delle terre, del loro sussultare e plasmarsi in continue metamorfosi. Aveva smarrito memoria dell'aggregarsi e coagularsi di acqua, aria, terra e fuoco in composti mutevoli, come il caglio fissa e lega il bianco latte, o in India il sacro *ghī*. Avevano dimenticato la mescolanza e quella separazione di cose mescolate che dagli umani è chiamata nascita.

Solo nei sogni l'uomo avrebbe avuto frammenti di visioni delle vite precedenti, dello stato di pie-

tra, cristallo, larva, insetto, uccello nel cielo, tigre nella foresta, grande albero in Asia, pesce muto che guizza dal mare. Ma avendo perso il ricordo di tutti i linguaggi della natura, delle sue regole, delle sue maniere, dei suoi divieti, delle sue connessioni, delle sue rotte, dei suoi indirizzi segreti, e non possedendo né memoria né prescienza, non conosceva le conseguenze remote dei suoi atti. Non era e non sarebbe stato in grado di distinguere il ciclo delle reincarnazioni, traendone insegnamento. Né era o sarebbe stato in grado – salvo rare eccezioni – di profetare né di vedere ciò che sarebbe stato. Oltre al passato aveva dimenticato anche il futuro. Dotata di postura eretta e di pollice opponibile, questa scimmia nuda era condannata a un'illusoria e miope attività di pianificazione e previsione, che serviva solo i propri aneliti momentanei e individuali, scissi dall'unico grande palpito di desiderio cui tende il ciclo della natura, in cui ogni cosa muore d'amore per l'altra.

Ma il cane e il gatto avevano adottato l'uomo, anche se lui ancora oggi pensa l'inverso e non comprende perché, ogni volta che guarda nei loro occhi, trae una sensazione di pace. – Ricordi? – dice lo sguardo, – noi eravamo con te quel giorno. Nei secoli veglieremo su di te, ti ricorderemo il tuo lignaggio animale. Ci farai dio egizio, santo levriero, esile sacerdotessa tigrata. I tuoi profeti si taglieranno la veste per non disturbare il nostro sonno. Abiteremo i tuoi templi e i tuoi fori, saremo compagni di maghi e taumaturghi, dormiremo tra i tuoi libri e i tuoi alambicchi, perpetueremo con te la misericordiosa superfluità del gioco. Mendicheremo con te il pane agli angoli delle strade, la nostra effigie campeggerà sui vessilli dei tuoi re e nelle insegne delle locande del popolo. Dalle grandi sale dei tuoi castelli agli angoli piú bui dei focolari delle tue capanne ci sentirai ansimare e fare le fusa, vedrai il nostro sguardo seguirti.

Anche se da allora in poi l'inclinazione dell'umanità fu una perpetua e irrequieta brama di potere dopo potere, onore dopo onore, ricchezza dopo ricchezza, che cessava solo con la morte, il cane e il gatto non rinnegarono mai la loro scelta. Sapevano che gli uomini non trovano la felicità in una condizione di pace mentale, il sommo bene di cui parlano gli antichi filosofi, ma al contrario in un continuo scorrere del desiderio da un oggetto all'altro. La conquista del primo non fa che aprire la via al successivo, cosicché, accecati dal loro tornaconto, sono destinati a desiderare senza tregua a costo di distruggere gli altri e alla fine se stessi. L'anima degli animali è piú felicemente disposta al formarsi della virtú. A differenza che per l'uomo, per le bestie il bene comune non è diverso da quello dei singoli. Spinte per natura a cercare il bene privato, procurano il bene di tutti.

Il cane e il gatto conoscevano le tenebre che avvolgono il cuore dell'uomo da quando il germe della dimenticanza lo aveva offuscato e allontanato dagli altri animali finendo per renderlo il loro oppressore. Ma adesso la decisione dell'assemblea, lo stratagemma del topo, la peste diffusa dal pipistrello, la calamità, l'emergenza, il terrore avrebbero obbligato la specie umana a una scelta: ricordare o perseverare nell'ignoranza rischiando di distruggere non solo la propria specie ma la terra intera. Per questo MoMo e la gatta bianca erano corsi cosí veloci verso le loro case.

Capitolo II
La grande quarantena

Aprí gli occhi all'improvviso. La luce invadeva la stanza, era mattina inoltrata. Si allungò tutta sul letto e fece silenziosamente i suoi esercizi di stretching. Non percepiva alcun rumore, né di colazione né di traffico. Curioso, si disse. Ancora piú curioso che lui, accanto, stesse dormendo. Non avrebbe dovuto essere a scuola? Si alzò agilmente e si affacciò alla finestra. Il viale alberato lungo il fiume era deserto. Sui rami dei platani, tra i primi germogli, poteva distinguere con nitidezza una moltitudine di sagome di piccoli uccelli, e l'insolita varietà dei loro versi la confondeva. Decise che avrebbe ragionato meglio a stomaco pieno. Scivolò silenziosa verso la cucina. In quel momento sentí aprirsi la porta della camera da letto grande, la piú fresca d'estate, e le sbarrarono il passo due caviglie che davanti a lei parvero quelle colossali di una statua di Iside patrona dei gatti, non fosse che si facevano strada, con la goffaggine tipica dell'andatura umana, sul suo tappeto da manicure felina preferito. Poteva resistere a tutto ma non alle tentazioni. Per tre volte affondò le unghie e le ritrasse velocemente provando il piacere acuto che il perfezionismo elargisce ai suoi adepti. Poi in un lampo raggiunse la donna.

Il grande schermo nero si animò prima ancora che si alzasse l'odore del caffè. Un rimbombo concitato svegliò il resto della casa e ne raccolse i tre abitanti intorno al tavolo vuoto, gli occhi spalancati davanti ai filmati che scorrevano. La gatta bianca si arrotolò con destrezza sul bordo estremo della credenza e cominciò a lavarsi con aria indifferente. È questo da sempre il trucco che i piccoli felini adottano per non tradire le loro emozioni e passare inosservati mentre si concentrano intensamente su qualcosa fingendo di fare altro.

Dunque, si disse, era cominciata. Man mano che il sole fuori avanzava, e che nell'ombra della casa le immagini si scomponevano e ricomponevano sui visori grandi e piccoli dei vari congegni che gli esseri umani usano per trasmetterle a distanza, avendo perduto il dono di comunicarle col pensiero come gran parte degli animali tra cui i gatti, qualcosa di impercettibilmente diverso dal solito prese a vibrare intorno a loro come un'aureola. Non era timore, non era stupore, come si sarebbe aspettata. Era euforia.

Gli uomini credono che gli animali non decifrino il loro linguaggio. Non è cosí. La gatta bianca comprendeva e soppesava ogni parola. Al figlio non pareva vero di non andare a scuola. La madre aveva annunciato che non sarebbe tornata in ufficio ma avrebbe potuto lavorare da casa. L'uo-

mo le rivolgeva parole affettuose. Le sue giornate non sarebbero cambiate, ma tutti avrebbero potuto concedersi almeno due ore di sonno in piú ogni mattina e di sera guardare fino a tardi la tv come fosse sempre la vigilia di un giorno di festa. Il piú giovane neanche ascoltava, preso dai continui scampanellii, ronzii, tamburellii e fruscii che facevano sobbalzare il suo cellulare. Lo sguardo obliquo della gatta sorvegliava lo scorrere vertiginoso di frasi, foto, link e commenti disseminati di faccine gialle.

Quando l'uomo tornò sovraccarico di buste della spesa era quasi ora di cena. Lei ne approfittò per scivolare sul ballatoio e da lí guadagnare la grondaia. Sono due le ragioni principali per cui i gatti frequentano i tetti: avere la visuale piú ampia possibile e raccogliere informazioni. Si dice che ciascun gatto abbia tre nomi: quello con cui viene al mondo, quello che gli dànno gli umani e un terzo nome segreto. I primi due servono a identificarlo, rispettivamente, tra i suoi simili e nella società degli uomini, il terzo ad accreditarlo presso le altre specie animali (e, in certi casi, anche vegetali), quali appunto i numerosi pennuti che si incrociano sulle cime dei palazzi.

La gatta bianca guadagnò la torretta irta di antenne arrugginite di vecchi televisori, reclinate e intrecciate come ossa in un cimitero di belve, e invasa dalle parabole cresciute come giganteschi funghi velenosi in un bosco pietrificato. La prima cosa che notò fu che non era presidiata come al solito dal bieco gabbiano di guardia, enorme organismo mutante che dell'uccello marino conservava ormai solo il grido sgraziato. Con l'andare degli

anni aveva allenato l'udito a ignorarlo, per non
farsi sfuggire i sempre meno numerosi messaggi
degli uccelli piú piccoli. Ma non fece in tempo a
dirsi altro che oltre il bordo della torretta si spa-
lancò la visione.

La grande città si dominava quasi tutta dalla cima della casa – il che non era estraneo alla scelta di
farsi accudire dai suoi inquilini, se pure senza im-
pegno e conservando la sua libertà di movimento,
indipendenza di giudizio, licenza di lunghe sorti-
te non annunciate e peraltro mai particolarmente
notate da quel distratto nucleo umano. I rumori
della città in genere salivano fin lassú, solo un po'
attutiti, insieme all'odore del fumo delle automo-
bili che brulicavano nei viali lungo il fiume attraverso i ponti e fino alle strade laterali, spartendosi
come una colonna di formiche, arrotolandosi intorno alle piazze come una colonia di lombrichi,
scalando e scavalcando i colli, senza diradarsi, ma
anzi infittendosi nelle tangenziali e riversandosi
nelle periferie per poi confluire in parte nelle arte-
rie suburbane. Un unico getto di metallo pervade-
va d'abitudine la grande città in ogni suo capillare.
Ma adesso quel sistema circolatorio era completamente sgombro. Solo il soffio del vento e la luce
scarlatta del sole scorrevano come sangue fresco,
pulito, nelle sue vene.

Notò un piccolo stormo di rondini planare dal
fiume verso la sua postazione, lente, composte e
pettegole come suore. Quando le salutò gentilmente e domandò loro che nuove portassero, fu tutto
un accavallarsi e un rincorrersi di cinguettii. Gli
umani erano imprigionati nelle loro case, in ogni

quartiere della città, annunciò una. Gli uffici, le scuole, i bar, i negozi erano chiusi, tranne quelli di medicine e alimentari e fortunatamente i negozi di cibo per animali. Lo erano in tutte le città, e non solo di quella regione, aggiunse un'altra, che lo aveva saputo da una cinciallegra in transito. Non c'era bisogno di interpellare i migranti, la rimbeccò una terza: in quel silenzio bastava ascoltare i segnali delle colonie di uccelli che di ramo in ramo, di tetto in tetto, di traliccio in traliccio avevano cominciato a trasmettere le nuove, sconvolgenti, esclusive notizie da tutta la terra.

Furono interrotti, e questo sorprese anche la gatta, cosa che avveniva di rado, da un suono che si alzava dai balconi intorno. Era musica. Gli umani chiusi nelle loro gabbie stavano cantando proprio come gli uccelli. O, meglio, come uccelli in gabbia.

Capitolo III
Ne moriranno migliaia

MoMo, pur non leggendo i giornali, sapeva che guai si stavano preparando. Il suo udito pareva essersi sviluppato esageratamente, cosicché non solo riusciva a intercettare le cronache trasmesse in tempo reale dall'ansimo del suo amico labrador due vie piú in là come se lo avesse sotto il muso, ma coglieva notizie in diretta da ogni ringhio, abbaio, uggiolio, mugolio, guaito, latrato o ululato di ogni cane di grandi o piccole dimensioni, forte o fragile muscolatura, lungo o corto pelo a partire dal quartiere in cui viveva fino a chissà dove. Vox Canis, Vox Dei: il contagio era arrivato. Ma il primo segno concreto del grande mutamento fu, appena sceso in strada, il desiderio irrefrenabile, e infatti non lo frenò, di starnutire. Cacciò con insigne veemenza e grande scuotimento di tutto il corpo uno starnuto squassante, demonico, panico, come gliene uscivano quando il suo padrone gli spalancava la portiera della macchina appena arrivavano in spiaggia in un limpido giorno di maestrale. Poi un altro e un altro ancora, tanto che si domandò, scrollandosi perplesso, se non avrebbe passato il resto dei suoi giorni a starnutire. Ma no, semplicemente l'aria era pulita perché le auto erano ferme. Di qui anche la portata dei suo-

ni che nel silenzio della città penetravano le sue
orecchie tese di pastore.

Faticò a ricomporsi e a darsi un minimo di con-
tegno, tanto che subito fuori dal portone scialacquò
maldestramente una metà abbondante del prezioso
fluido in genere razionato per gli abituali disegni
di conquista del territorio. Con coscienza piú luci-
da, il muso basso a fiutare ogni pista investigativa
del fondo stradale, puntò la piazza. Sembrava una
scacchiera i cui pezzi fossero stati concepiti dalla
mente folle di un allevatore inglese maniaco degli
incroci. Dislocate a regolari intervalli intorno ai
lampioni le poche presenze erano figure ibride come centauri, se non licantropi: coppie uomo cane
e cane donna in posa nei loro riquadri come con-
correnti senza pubblico di un'improvvisata esposi-
zione antropocanina. Sembrava a MoMo che non
esistessero piú cani perduti senza collare, quasi che
si fosse avverata una grande utopia. Inoltre, mentre i cani secondo abitudine si avvicinavano l'uno
all'altro il piú possibile, la componente umana si
manteneva a rigida e diffidente distanza sociale,
dando alle effusioni di segugi e meticci, levrieri
e bassotti, mastini e barboncini parecchio filo di
guinzaglio da torcere.

E si poteva notare come non fossero i padroni a
portare a passeggio i cani, ma il contrario. Difficile
descrivere un tale ribaltamento di prospettiva. Come diceva quel francese, si crede di dover portare
fuori il cane a mezzogiorno e a sera per i suoi biso-
gni corporali, ma è un grave errore: sono i cani che
ci invitano due volte al giorno alla meditazione. In
effetti non è mai chiaro, nelle rodate abitudini e

negli itinerari prestabiliti che accomunano uomini e cani a passeggio, chi guidi e chi segua. È di solito un'impresa in cui il comando viene equamente suddiviso: il cane detta il percorso, l'uomo i tempi, ma può accadere che l'uomo cambi tragitto a capriccio o che il cane rivendichi per sopraggiunte esigenze pause più lunghe. Adesso era tuttavia evidente che l'equilibrio di quell'accordo vacillava e il cane aveva conquistato il maggior peso cosicché l'uomo gli aveva conferito pieni poteri. La conferma arrivò al crocicchio della fontanella, quando ebbe uno scambio ravvicinato e assolutamente non spiacevole con una border collie, da sempre le più affidabili per via di quel loro indomito cuore scozzese, che nell'occasione gli confidò le ultimissime.

A quanto pareva, i soli umani autorizzati a uscire di casa erano i possessori di cani, tenuti in quanto tali a esibire alle ronde di polizia legittimo titolo di proprietà. Si mugolava addirittura – ma forse era una boutade – che fossero già comparse tariffe orarie di noleggio canino, per dare la possibilità di fare due passi agli stolti sprovvisti di cane proprio. In altre parole, i cani erano i soli cittadini di cui non fossero stati calpestati, protestavano alcuni umani, i diritti costituzionali, in primis la libertà di circolazione. A MoMo vennero in mente quei cartelli umilianti affissi alle vetrine dei negozi, con un cane barrato e la scritta «Io resto fuori», e vi lesse ora una beffarda rivincita della sua specie.

Quando il pomeriggio declinò e la luce si fece radente, dalle case si alzarono le note dell'inno nazionale e, poco dopo, un applauso. Le finestre e le terrazze esponevano bandiere. MoMo non ne aveva mai viste sventolare tante, neanche per le feste nazionali o le vittorie ai campionati mondiali di calcio. Quanto al battimani, non comprese lí per lí a chi fosse rivolto: ai cani? Ai padroni di cani? O a qualcun altro in quel momento in strada? Ma passavano, anzi sfrecciavano ululando, solo i furgoni bianchi con su la croce rossa, lacerandogli le orecchie che cercava di abbassare il piú possibile, e poi ogni tanto, piú lente, le camionette lampeggianti della polizia. A chi fosse destinato l'applauso partito quel giorno, che la folla affacciata alle finestre ne fosse già o non ancora consapevole, MoMo lo avrebbe, purtroppo, realizzato presto.

Dal giorno successivo lo stato delle cose cambiò ancora piú radicalmente. Quello che l'uomo chiama stile di vita, ma che in realtà spesso subisce come se non fosse libero di scegliere, per il cane non è né scelta né schiavitú, ma un'educazione naturale. Nessun metodo, nessun esercizio umano possono eguagliare la naturalezza di un cane nello stare sempre sul chi vive. Che cos'è un corso di storia o filosofia o poesia, per quanto ben scelto, o cosa sono la migliore frequentazione o la piú ammirevole pratica di vita, di fronte alla disciplina di guardare sempre ciò che deve essere veduto, fiutare ciò che deve essere annusato, fare ciò che deve essere fatto? L'uomo l'aveva dimenticata e il cane, per quanto gli stesse accanto, non era mai riuscito del tutto a ricordargliela. Solo certi santi o mistici avevano intuito quell'obbedienza e prendendo a modello la devozione, l'equilibrio e la gioia del cane erano divenuti amici del loro dio come il cane lo era dell'uomo.

MoMo ricominciò dunque tutto dall'inizio, senza un fiato sulle vecchie abitudini perdute: niente piú fattorino al quale abbaiare, niente piú salsiccia acchiappata al volo dall'amico oste sotto casa, niente piú partite di calcio, che diventavano presto di rugby, per degenerare in gioiose colluttazioni corpo a corpo, all'uscita della scuola. Questa era una delle lacune piú inquietanti. Non si sentivano le voci dei bambini che giocavano a palla. E, come se la generazione piú giovane e quella piú vecchia si fossero messe d'accordo, non si vedevano piú nemmeno gli anziani solitari sulle panchine. C'erano i loro cani, ma abbinati a sagome anonime, contraddistinte tuttavia da due peculiarità. La prima era il non assomigliare a coloro che tenevano al guinzaglio: tutti i cani, guardando un loro simile, sanno benissimo riconoscerne il padrone in virtú di quell'affinità che si trasmette per simbiosi, per empatia, per sacro mistero tra una coppia di esseri che si amano davvero, qual è, fra le altre e spesso piú di ogni altra, quella composta da cane e padrone. La seconda era l'essere tutti grossomodo della stessa età, che si sarebbe potuta definire mediana, e cioè, stando alle cabale dei cerusici, quella di un cane di cinque anni moltiplicata per sette. Era come se le tre età dell'uomo si fossero contratte in una sola.

A questo proposito, tra i cani si narra la seguente storia. Un giorno il grande cane con le ali accovacciato sulla collina pose un indovinello al re zoppo: – Quale essere, pur avendo una sola voce, si trasforma in quadrupede, bipede e tripode? – Il re ci pensò su e poi sicuro di sé rispose: – L'uomo.

– Perché? – gli domandò allora il cane alato. – Perché da piccolo va gattonando, da adulto cammina su due gambe e da vecchio si aiuta con un bastone. – Risposta sbagliata, – sentenziò la sacra bestia. E prima di congedarlo gli spiegò: – L'uomo quando è avanti con gli anni non si regge a un bastone, ma a un guinzaglio, e alla fine di quel guinzaglio c'è il cane. – Qual è allora la risposta giusta? – domandò il re, voltandosi mentre si allontanava zoppicando. Il grande cane allargò in un sorriso le sue guance di donna: – Il sapiente. Che sa trasformarsi da bestia in uomo e da uomo unirsi alle bestie.

Ora, a giudicare dalla ricognizione nel parco, la terza età sembrava essere stata separata dalla sua parte animale. Esplorando le vie intorno vide due vecchie calare un bassotto dal balcone, giusto il tempo di fare quel che doveva in cortile, e poi tirarlo su col guinzaglio a pettorina. Fu in parte rassicurato e in parte stupefatto, non dalla piú che assodata adattabilità del cane a ogni piú impensata umana richiesta, condizione o esigenza, ma dalla rapidità con la quale l'assurdo si era fatto norma. Poco dopo cominciarono i pianti. Molti di quei cani – li conosceva a uno a uno – avevano visto per l'ultima volta i lineamenti dei loro padroni disegnarsi e sparire sotto le luci lampeggianti delle ambulanze. E poiché ogni cane percepisce con esattezza come sta il suo padrone, ognuno di loro lo sapeva in quel momento in pericolo di vita.

Anche MoMo era in pena per Lui. Non si faceva vedere ormai da due giorni. Era abituato alle assenze del padrone: le emergenze facevano parte del suo lavoro, per questo Lui lasciava la porta del cortile sempre socchiusa, cosí che MoMo potesse uscire e rientrare quando voleva. Il loro era un gentlemen's agreement, un reciproco adattamento. Ma stavolta aspettava il suo ritorno con un desiderio, un tormento, uno struggimento ancora maggiori di quelli che ogni cane prova da sempre quando il padrone non c'è.

In molti hanno cercato di descrivere la felicità del cane quando il padrone rientra a casa, non importa se dopo un mese, un giorno o un'ora, se dopo essere uscito per sbrigare una commissione o partito per l'altro capo del mondo. Se non si è cani non la si può né capire né tanto meno raccontare. È come se ogni volta l'assenza fosse per sempre, e ogni volta si compisse il prodigio primaverile della resurrezione. «Zitto, zitto! Non è forse il mondo divenuto perfetto in questo momento?» sente il cane mormorare una voce dentro di sé, quando avverte il respiro e il passo noto che si avvicina e il tintinnio delle chiavi e lo scattare della serratura e la porta che si apre e finalmente lo vede, pari agli dèi, accovacciarglisi davanti e da vicino ascoltare il suo uggiolio. Dolce suona la sua voce e il suo sorriso lo accende di amore e gli fa quasi scoppiare il cuore in petto. Poi il cane, simile a una nave che si culla nella piú quieta delle baie, gli riposa vicino come a una terraferma, fedele e fidente, in attesa di venirgli avvinto con fili invisibili. Oh felicità! Oh felicità! Vuoi forse cantare, anima mia?

Altrettanto ineffabile fu il giubilo di MoMo quando, tornato a casa, trovò che Lui c'era, era lí. Stava in silenzio sul divano con gli occhi fissi sulle immagini del telegiornale. MoMo, come si è det-

to, non aveva bisogno di telegiornali per sapere in
che guai la specie umana fosse e quanto diretta-
mente coinvolgessero il suo padrone. Si rassegnò
pertanto a una razione minima di pacche e gratta-
te e a un'ancor piú blanda reazione alle giravolte,
ai salti e agli ansimi della sua rumba, ritmati dai
colpi di frusta della sua coda. Dopo essersi messo
a pancia all'aria, e avere atteso inutilmente il rito
del solletico, si era da poco accucciato ai piedi del
sofà con le zampe incrociate sotto il muso e cercava di distrarsi seguendo da sotto le palpebre socchiuse lo zigzagare incoerente di un moscone an-
sioso, a quanto pareva, di portare notizie al regno
dei suoi simili, quando Lui si alzò di scatto al ronzio del cellulare e gli parlò dentro in tono secco,
indurendo il discorso con parole difficili che Mo-
Mo non avrebbe saputo ripetere, ma in cui ricono-
sceva i termini tecnici del suo mestiere, che ogni
volta udiva e dimenticava. Ma capí bene, con un
tuffo al cuore, le due battute con cui Lui concluse
la conversazione: – Dei nostri, in tutto il mondo,
ne moriranno migliaia –. E poi, quasi con ironia:
– Ma quali eroi, è il nostro mestiere –. E MoMo
ricordò allora quello che si dice sempre: nessun cane dovrebbe sopravvivere al padrone.

Capitolo IV
Aprile, il più crudele

L'esodo dei gabbiani era stato roboante, maestoso, malmostoso, preceduto da fitte confabulazioni e vertiginose evoluzioni. Era celebrato adesso, oltreché dal tubare continuo dei piccioni, dai cinguettii sempre più sonori di passeri e pettirossi, dai fischi da carrettiere dei parrocchetti e dai gorgheggi dei cardellini e delle capinere tutto lungo il fiume davanti alle finestre della casa, come anche quella mattina, affacciandosi, poté constatare la gatta bianca. C'era bel tempo, quel tempo che anticamente si chiamava degli alcioni, dal nome di certi uccelli di mare, parenti oggi estinti del martin pescatore, che, quando facevano il nido, per una legge di natura portavano giorni che si potevano distinguere da tutti gli altri per la loro nitidezza. In quei giorni dal cielo trasparente come uno specchio si scioglieva uno struggimento simile alle note piene di tristezza e di lacrime che mandavano gli alcioni.

Aprile è il mese più crudele, confonde memoria e desiderio. La primavera nei tempi passati era la stagione delle campagne militari. La città silenziosa e deserta faceva pensare ai campi fioriti di certe antiche battaglie. La gatta perlustrava dalla finestra il terreno, poi tornava ad ascoltare le parole degli umani, sdraiandosi con noncuranza nei recessi più morbidi delle loro stanze. Si stupivano che l'erba crescesse tra le pietre dei selciati dei centri storici e che questi avessero preso l'aspetto di grandi prati, come se le loro architetture, i templi, i palazzi, i monumenti, le fontane, le statue fossero stati sollevati da mani invisibili e fosse stato srotolato sotto di loro un tappeto verde. Il regno vegetale cooperava in effetti alacremente, come natura vuole, con quello animale, avviluppava in tralci d'edera le biciclette lasciate appoggiate ai pali, formava aiuole spontanee intorno alle auto in sosta vietata ormai da un mese, sostituendo con zelo le strisce dipinte dei parcheggi a pagamento. Dalle crepe dei paracarri di pietra spuntavano violette e margherite, sui cigli delle strade, tra la mentuccia e le ortiche, fiorivano i nontiscordardimé.

Non ti dimenticare di noi, sembravano dire all'uomo le piante. E gli uomini imbavagliati, costretti a pochi passi affrettati nelle strade vuote, dove si alternavano vanamente i riflessi verdi e rossi dei semafori, contemplavano l'antica rinascita primaverile e la catturavano negli scatti dei loro cellulari come se fosse stata una cosa eccezionale e sorprendente. Aveva detto qualcuno, ricordava la gatta, che la vicinanza della morte intensifica il sentimento della vita negli umani che sembrano averlo smarrito, contagiati dal germe della dimenticanza, catturati dalle loro cieche e inderogabili faccende. Adesso, incalzati da un altro contagio, isolati nella loro società, tallonati dal continuo agguato della morte che domina la vita delle bestie, osservavano rabbrividendo l'epifania della natura come all'alba dei tempi.

Guardavano ma non vedevano quello che invece incontrava lo sguardo della gatta bianca, perché non erano piú abituati a distinguere altro da ciò che avevano davanti agli occhi e solo a pochissimi umani era stato lasciato il dono della visione, che hanno invece conservato tutti gli animali, come il gufo o la civetta, o il cavallo bianco, o le renne inquiete o i chiaroveggenti elefanti, per non parlare dei poteri del cervo. Di cui la gatta bianca, passeggiando una notte, ebbe conferma.

Col cuore in gola, nella città buia e deserta, il padre di famiglia divenuto ladro aspettava in agguato il primo passante. E invece venne un cervo, che gli si fermò davanti senza timore, ma con occhi calmi e mansueti. – Prendi me, – disse, – uccidimi, vendimi e avrai di che sfamare la tua famiglia –. E il ladro sul punto di affondare il coltello fermò la mano un attimo prima di non riconoscerla piú, nel bagliore improvviso che si sprigionava non dalla lama, ma come da una falce di luna che si fosse coricata tra le ampie corna del cervo. E mentre queste come forbici di sarto lo liberavano dei vestiti, lui, non piú uomo né ladro, lanciò un bramito di gioia e corse per primo davanti al nuovo compagno che gli sussurrava: – Avere coraggio è spaventare ciò che ti spaventa.

In casa l'uomo, la donna e il ragazzo passavano il tempo davanti ai dispositivi accesi che crepitavano di notizie. La gatta bianca muoveva nervosa la coda a sentirne alcune. I grandi uccelli meccanici erano fermi sulle piste degli aeroporti, pigiati in fila come polli in batteria, e si vociferava di un loro abbattimento. Per la prima volta in Cina cani

e gatti erano stati esclusi dall'elenco ufficiale degli animali commestibili. Un capo di Stato, dopo
avere negato la pericolosità del contagio, era stato
ricoverato in rianimazione per averlo contratto.
Era stato annullato il trentanovesimo raduno in-
ternazionale degli spazzacamini.

I templi erano vuoti, basiliche, sinagoghe, mo-
schee, santuari induisti e giainisti, buddisti e scin-
toisti, zoroastriani e rastafariani, tutti erano chiusi.
I gran sacerdoti di ogni religione o culto sembravano dire all'uomo: vade retro, non possiamo aiutarti.
Ma molti, in mancanza di chiese, si rivolgevano alla
natura come a un tempio, e meditando attribuivano il contagio a una colpa dell'uomo, come avevano
fatto quasi sempre in passato. Ma per la prima volta ora tutti sembravano d'accordo, cosa assai rara quando si parla di religioni, che il crimine fosse
verso la sacralità della terra, e un sacrilegio contro
gli animali, e che il contagio fosse dovuto alle stesse cause che provocavano la loro estinzione. Su un
muro era comparsa la scritta: «Il virus è il vaccino
e noi siamo il virus della natura».

Per il resto, tutto si svolgeva secondo le ragio-
nevoli previsioni della gatta bianca. Nei fiumi, nei
canali e nelle lagune erano accorsi i pesci, e i cigni
allungavano il collo a guardare lo spettacolo delle
vie e piazze deserte. In mare, agli imbarchi dei tra-
ghetti, non avevano resistito a curiosare i delfini.
I cerbiatti avevano vinto la timidezza ed esercita-
vano le zampe sottili avventurandosi sugli scalini
delle case sprangate dei paesi. Un capriolo esultava
tra le onde che si infrangevano nel litorale solitario. Gli animali che a differenza dei gatti avevano

avuto fino ad allora – e la gatta bianca non poteva non ritenere giustamente – timore dell'uomo, ora si affacciavano nel suo territorio indifeso come in una città spopolata alla fine di una guerra. Ma stavolta la guerra era appena cominciata.

Capitolo V
Madri

Mamma anatra si affrettava nervosa come sempre ad attraversare le strisce pedonali, starnazzando rimproveri al corteo di anatroccoli che nonostante il severo tirocinio si divertivano a uscire dai ranghi e ad allungare le piccole zampe palmate sul nero dell'asfalto. – In fila per uno! – strillava, girando a destra e a manca il becco. Non doveva, la stirpe delle anatre, apparire da meno degli altri pennuti nella disciplinata osservanza delle geometrie urbane, nella fedeltà all'imprinting che induce ogni animale al rispetto dei limiti, dei confini, dei tracciati. Era stata una gara, in quei due mesi, fra tutti loro. Ma gli attraversamenti delle strisce pedonali erano oramai consolidato appannaggio dei paperi – una concreta e realizzata paperopoli – cosí come quelli delle strade statali e provinciali lo erano degli orsi – o per meglio dire delle orse, poiché in quella stagione era tutta femminile l'espansione territoriale, e gli esemplari adulti erano sempre seguiti dalle loro nidiate, o cucciolate, che per la prima volta da secoli addestravano il passo sul manto stradale umano, ai loro genitori e nonni precluso. Anche le cinghialesse facevano fatica a tenere a bada i cinghialini, che trottavano per le vie vuote e curiosavano sotto i portici, e cosí le piccole volpi dagli occhi accesi e le famiglie di istrici dalla lenta andatura. Per non parlare di pecore e capre, che con impunità di gregge scavalcavano muri e recinzioni e si riversavano ovunque, seguite da masnade di capretti e agnellini, invadendo villaggi e periferie, sovvertendo, loro, la metodica e burocratica ripartizione degli spazi che mammiferi, rettili e volatili si erano tacitamente autoassegnata.

La verità, rifletteva mamma anatra mentre spazientita si era indotta a tornare indietro di tre strisce per dare qualche ben assestato colpo di becco (d'altronde non c'era pericolo ad attardarsi: la strada era sgombra a perdita d'occhio), è che la vanità si era insinuata tra gli animali cosiddetti di città, in realtà campagnoli inurbati, insicuri provinciali. La provincia esiste anche nelle metropoli, perché non è nella geografia, ma nell'anima. E se esiste nell'anima non può non esistere, per definizione, tra gli animali. Prendiamo i parvenu per eccellenza – pensava mamma anatra, che era finalmente riuscita a rimettere insieme la fila come nella copertina del disco di quei musicisti dal nome di insetti –, i gabbiani di città. Sono venuti qui a cercare fortuna, l'hanno fatta, ma guardateli al tramonto mentre si ritrovano a bere nelle fontane monumentali come fossero in un qualsiasi bar di paese, sperando di finire in qualche foto di turisti. Illusioni mai perdute, vacui esercizi, considerata anche l'esiguità del pubblico umano attualmente presente.

Il quale era per giunta costituito in maggioranza – se tale si poteva definire in quel deserto – da corridori, velocisti, maratoneti, podisti, che guardavano dritto davanti a sé, gli occhi persi nel nulla, le

orecchie sigillate da tappi collegati a fili mediante
i quali, probabilmente, si astraevano ancora di piú
dal mondo circostante. I volatili, le anatre per pri-
me, sanno dove andare, rispettano le leggi e le regole assegnate a questa parte di universo. Mentre
quei navigatori del vuoto le ignoravano cosí come
si ignoravano l'un l'altro, concentrati nella loro so-
lita vana corsa contro il tempo, al punto da non accorgersi che, per una volta, il tempo si era fermato
ad aspettarli. Questo si diceva mamma anatra, non
senza un filo di invidia per quei piedi veloci.

Ma per fortuna stava raggiungendo il fiume.
Gli anatroccoli, traghettati al di là del marciapie-
de fino alla spalletta, si precipitarono saltellando
disordinatamente giú per i gradini che scendevano
dall'ombra dei platani e si tuffarono senza esitazione, come fanno spesso i bambini, in un punto
al riparo dalle correnti, tenendosi vicini all'argine
e giocando tra loro. Mamma anatra con sguardo
professionale li contò, li seguí, li superò e finalmente si mise a nuotare nell'acqua sempre piú limpida
col passare delle settimane, prendendo un po' di
tempo per sé, per il suo allenamento quotidiano,
per la soddisfazione tutta femminile di non essere
solo una madre. Il pensiero corse alle madri umane, chiuse in casa giorno e notte in quei mesi di
quarantena, strette d'assedio dai loro cuccioli con
il dovere di coordinare senza tregua né deroga le
continue logoranti necessità delle loro ancora fragili
vite, di disciplinare ogni intemperanza, capriccio,
rabbia che quei tempi tristi inevitabilmente portavano all'animo infantile. Che ha paura del buio,
perché al buio vede o crede di vedere; che alla luce

sogna o sembra sognare, ricordando cose non vedute mai; che parla alle bestie, agli alberi, ai sassi, alle nuvole, alle stelle; che popola l'ombra di fantasmi e il cielo di dèi.

Grande è la bellezza dell'anatra quando nuota assecondando la corrente, o risalendola o abbandonandosi al vorticare di un mulinello, o immergendo il capo di smeraldo nel cerchio disegnato dal guizzo di un pesce, le piume lustre, appena dischiuse. Quanto evidente è la sua grazia mentre scivola leggera sull'acqua del fiume, che scorre sempre uguale e non è mai la stessa, tanto è nascosta quando questa sovrana dell'azzurro cammina trascinando maldestra, perfino ridicola, le sue zampe palmate fuori dell'acqua. Nel suo elemento cosí bella ma esule sulla terraferma, somiglia a certe donne gravate dall'esistenza ed esposte allo scherno dei presenti, che risorgono però come fenici quando all'improvviso, al levarsi di una melodia, prendono a danzare e trasportate dal flusso della musica rivelano la loro segreta bellezza e un accordo con la natura che solo gli spiriti eletti sanno scorgere di là dalle apparenze. Si narra che un retore, guardando danzare ad Antiochia una ballerina di strada, confessasse che avrebbe voluto reincarnata in lei la sua anima di sapiente. Si tramanda che una scrittrice inglese fosse disposta a rinunciare al suo ottimo greco classico pur di saper ballare il foxtrot. È risaputo che una ragazza povera e orfana può conquistare il cuore di un principe danzando su scarpette di cristallo.

Mamma anatra danzava in ampie traiettorie sinuose sopra e sotto il pelo dell'acqua tersa. Lascian-

do il riflesso abbagliante del pomeriggio imboccò
il varco d'ombra del grande ponte, i cui archi sor-
montavano la corrente che al di sotto si frantumava
scrosciando su una secca di larghe pietre vischiose.
Fu lí, nella frescura dove le alghe si intrecciavano
alle pallide corolle primaverili cresciute tra erba e
muschio come un sepolcrale prato fiorito, che vide adagiata una donna. La sua figura bianca semi-
sommersa tra gli scogli fluttuava come un grande
giglio. Sul greto, a poca distanza, si vedevano og-
getti sparsi, piovuti dall'alto; altri galleggiavano
nella corrente. I lunghi capelli rossi nascondevano
appena il seno nudo, turgido come di chi stesse al-
lattando. In tutta la natura, al di là delle specie, una
madre sa riconoscerne un'altra. Nel volto terreo,
segnato dalle occhiaie, nelle braccia livide, in tutto
ciò che emergeva del corpo si leggeva lo sfinimen-
to della femmina che deve nutrire i suoi piccoli ma
non ha di che sfamare neanche se stessa. Forse, si

disse mamma anatra accelerando con piú colpi di zampa, si era lasciata cadere dal ponte.

Quando le fu vicina poté accertare con sollievo che non era né morta né, all'apparenza, ferita. I suoi occhi fissavano la profondità del fiume. Quando si sollevarono a guardare l'anatra, accadde qualcosa di cui in generazioni di palmipedi non si era mai avuta esperienza. La donna emise un canto che era insieme dolce e funebre, come di canzone zigana o ninnananna. Diceva di giardini e di fontane e di parole antiche, e del tempo che passa, del mondo che ruota e dell'amore, la sola forza che non muta. Quel canto subito calamitò verso di lei le femmine di ognuna delle specie che abitavano il fiume e le sue sponde. Carpe e rovelle, gallinelle e farfalle, anguille e libellule, bisce e raganelle, colpite dai raggi del sole, facevano verdeggiare intorno a lei l'aria e l'acqua.

Al cospetto di quel corteggio di coreute, avvolta in quella nuvola vibrante, la donna si alzò mollemente dallo scoglio, poi con inaspettato vigore si tuffò. Il fiume si richiuse intorno a lei e tutte le creature rimasero col fiato sospeso a guardare i cerchi che si allargavano nel punto in cui si era inabissata. Finché l'acqua, dopo aver preso a mulinare come il fuso di Ananke, lasciò emergere una gigantesca coda di pesce, che contorse le sue scaglie di giada e turchese, per poi reimmergersi e lasciare affiorare il busto nudo dai seni turgidi su cui i capelli si incollavano come alghe rosse.

L'anatra tuffò il capo seguendo la sirena. Si dice che le sirene non danzino, né tanto meno le anatre. In realtà lo fanno, ma solo allo sguardo di pesce o di tritone o di annegato o altro abitante del fondo marino è dato vederlo. Poiché nulla appare in superficie di quella danza acquatica sincronizzata. Come nei balli russi o greci o balcanici, a eseguire il movimento è solo la parte inferiore del corpo. Cosí l'una, il busto eretto, si spostava in avanti flettendosi a ritmo con le spinte della coda verdeazzurra. L'altra, il collo teso, distendeva all'indietro le zampe arancioni seguendo il medesimo flusso, che era della corrente e della musica. E insieme scivolarono armoniose sotto e sopra la superficie dell'acqua, verso la foce del fiume e il mare aperto: uccello, donna, pesce. E nessuno avrebbe potuto dire quale delle loro nature non si trovasse nel suo regno.

Capitolo VI

Era di maggio

Era di maggio e cadevano a grappoli le ciliegie rosse. L'aria era fresca e i giardini odoravano di rose a cento passi. Scorreva il tempo, il mondo girava, ma la piaga del contagio non si seccava, come l'acqua dentro la fontana dell'oblio alla quale un tempo l'essere umano aveva bevuto a larghi sorsi.

La gatta bianca uscí di casa prima del solito. Soffriva a stare con gli umani. Da tempo ormai era svanito il calore che aveva inizialmente percepito vibrare intorno a loro e ai loro vicini, mentre si parlavano dai ballatoi e appendevano cartelli variopinti come i drappi sacri che scacciano la morte nei giorni delle processioni di primavera. Quell'aura di energia dorata, fiammante, si era trasformata in un freddo alone di nerume, che disegnava le figure immobili dei tre abitanti della casa e le separava l'una dall'altra, chiuse nei loro gusci di solitudine e angoscia come le figure sacre delle icone bizantine nelle loro mandorle, mentre intorno lampeggiavano e ululavano le ambulanze e le pattuglie della polizia.

Secondo un filosofo francese, tutti i problemi dell'uomo nascono perché non riesce a stare seduto nella sua stanza. Ora la quarantena obbligava gli uomini a farlo. Questo in fondo era un bene, perché dava loro la possibilità di fermarsi e riflettere che questo mondo è nato come un unico essere vivente dotato di anima e intelligenza, e che sotto il velo dell'apparenza ogni vita umana non è altro che un breve sogno dello spirito infinito della natura, pensava la gatta bianca mentre imboccava il belvedere archeologico senza incrociare, letteralmente, neanche un cane. E sí che in quel periodo i cani erano tutti in strada, insieme ai loro padroni. Le venne in mente MoMo e si domandò se anche lui, nel luogo in cui viveva, fosse continuamente trascinato in giro per fare sgranchire le gambe a qualche umano. Ma ormai a troppi la morte aveva sciolto le ginocchia e a chi restava in piedi mancava la forza o il coraggio, a quanto pareva, almeno in quel primo, stregato pomeriggio, di fare anche un solo passo.

La gatta, arricciando impercettibilmente le narici ad annusare l'aria, si infilò nella porticina che si apriva nel muro tra due colonnacce di marmo circondate da ortiche, e si accinse a intraprendere l'accidentato percorso che portava all'antica cloaca passando per i ruderi sotterranei, già infastidita alla prospettiva del meticoloso lavoro di igiene personale che avrebbe dovuto fare al ritorno. Era a caccia di topi. O, meglio, del loro re.

Da molte settimane ormai, da quando era stato dato il via libera all'operazione che il re dei topi aveva ideato e il suo compare volante aveva eseguito, il piccolo sovrano era impegnato in una tournée tronfia e trionfale nel sottosuolo delle capitali, e adesso era arrivato in città. I segni della sua presenza erano ovunque. Un movimento frenetico di squadre, squadroni e squadracce innervava le rovine del foro. Gli sterpi che in parte nascondevano il pertugio che dava adito alla condotta sotterranea crepitavano di pattuglie e drappelli, e delegazioni di ogni quartiere venivano a prendere ordini e a fare rapporto. Ufficiali di complemento e genieri allestivano le furerie e le impalcature per l'imminente parata notturna e per il discorso del capo. La proclamazione d'indipendenza e la fondazione dello Stato autonomo dei topi, terra franca dove far crescere il benessere del loro popolo, insieme beninteso ai traffici dei capipopolo, era questione di giorni se non di ore. Le superpotenze dell'aria, dell'acqua e della terra avrebbero mantenuto l'im-

pegno e cosí anche i sorci avrebbero avuto un regno al sole. Grande era la confusione sotto il cielo e la situazione era quindi eccellente.

Ma nel frattempo i topi continuavano ad acquartierarsi dove non batteva il sole. Adattati gli occhi all'oscurità, come la sua stirpe sa fare in pochi istanti, la gatta bianca vide i primi picchetti di guardia. Un gruppo di ratti di strada addossati alle rovine di tufo rosso all'ingresso del quartier generale controllava il territorio e segnalava andirivieni sospetti al checkpoint di quella soglia incerta, il grigio mondo di mezzo, in cui la candida silhouette della gatta avanzava ora con l'energia trattenuta di un maestro d'arti marziali.

La sua presenza fu subito notata. La guardavano in silenzio ma a modo loro, né piú né meno che se fosse stata una pietra o un albero morto. Passò oltre, sicura che presto avrebbe incontrato il capo mandamento. Fatti pochi passi il terriccio, man mano che il pendio digradava, diventava melma, e il buio cresceva, rischiarato solo a tratti dalle lame di luce che filtravano dalle crepe dei laterizi. Trattenne il disgusto concentrando l'olfatto solo sui possibili pericoli. E d'un tratto lo sentí.

– Tanto va la gatta al fango che si sporca lo zampino, – squittí beffarda la voce del gerarca nell'oscurità punteggiata da una dozzina di occhi rossi: la sua batteria. – Chi nasce gatta piglia i topi al buio, – replicò lei, avanzando imperterrita. – Al buio tutte le gatte sono grigie, – sghignazzò la corpulenta figura, che da vicino apparve alla gatta bianca quella di un ratto dal pelo viscido e solcato da cicatrici di battaglia. – Chi troppo ride ha natura di ratto ma chi non ride è razza di gatto, – soffiò, e subito, con un sorriso: – Vengo a portare i miei omaggi al capo dei capi. – Pensi che saresti ancora viva se non lo sapessimo? Il re ti sta aspettando.

Inarrivabile è il distacco del felino, inscalfibile il suo agio, inespugnabile la sua indifferenza – perfino – dinanzi alle creature viventi. Raro è che si faccia impressionare da qualcosa – tanto meno se quel qualcosa ha l'aspetto di un sorcio. Ma quando la gatta bianca, preceduta dal capo mandamento e scortata anzi incalzata dai suoi sgherri, imboccò il terzo girone, ancora piú stretto e scosceso dei due precedenti, dovette ricorrere a tutto il suo auto-controllo per non inarcare la schiena e non gonfiare il pelo. Le sue delicate zampe rosa non erano piú immerse nella melma, ma arrancavano su una pullulante, sussultante, stridente bolgia di corpi ammassati che lastricavano la via verso la sala del comando. Non soltanto sotto, anche sopra, e di lato: il cunicolo era un budello che si insinuava nelle cavità palpitanti di un unico organismo fatto di code e denti, pelli viscide e peli irsuti, e fiati e squittii, e si contorceva in uno spasmo che ricordava quello degli intestini, di cui aveva il fetore, o quello, non dissimile, dei pensieri di un ossesso. Capí la paura che l'uomo prova per i topi, come aveva ben indovinato il medico viennese che partendo dall'uno e dagli altri aveva aperto il vaso di Pandora di quelle che gli umani chiamano nevrosi.

Finalmente si aprí sopra di loro l'immensa volta sbrecciata della sala del trono, sancta sanctorum dei sorci, bunker dei ratti, cripta delle pantegane. Uno sciabordio indicò alle orecchie della gatta bianca che i pretoriani si erano schierati nel condotto allagato al di là del quale si innalzava il seggio supremo. Migliaia, stavolta, di occhi rossi erano puntati su di lei. Avanzò di qualche passo fino al bordo di quello stige dal liquame denso e privo di riflessi e immerse le pupille dilatate nello sguardo inconfondibile del re.

– Sei venuta per mangiarmi? – fu il suo saluto sarcastico, subito seguito da uno scroscio esilarato di squittii che echeggiarono sinistri nella cupola buia. – No, – arricciò lei il naso, – per negoziare. – Si può negoziare su tutto nelle fogne, – ghignò lui alzando i baffi. – La tua strategia. Il contagio è andato troppo oltre. – Questo ti manda a dire l'uomo? – E lei, risentita: – Un gatto non parla a nome di nessuno, – miagolò muovendo la coda, – e quanto agli uomini stanno lottando con la morte. Chi non muore è come se morisse, sfinito, oppresso dal terrore, annientato dagli orrori che come acque lo circondano tutto il giorno e tutti insieme lo avvolgono. Lontano da amici e cono- scenti, gli sono compagne solo le tenebre. Ma c'è chi sta imparando, proprio come voleva la balena. Perciò, – alzò lo sguardo, sfidando la nebulosa di occhi che la fissavano dall'emiciclo come da una volta celeste insanguinata, – questa guerra deve finire –. Il topo rimase in silenzio soppesando quelle ultime parole, poi sibilò: – Mia carissima nemica felina, che al pari dei tuoi simili consideri i roditori nulla mischiato con niente, forse qual- cuno di noi ha torto un capello all'uomo? Siamo topi d'onore e un contratto abbiamo onorato. Vo- levate una guerra e l'abbiamo iniziata. Fermare il contagio? Come sempre è l'uomo che non può essere fermato.

Con un gesto noncurante dell'artiglio fece capire alla gatta che la stava congedando mentre lasciava entrare il drappello di pantegane in polpe per le prove della minuscola corona da cerimonia. Ma lei non era venuta fin laggiú rischiando la vita, oltre al candore del suo manto, per farsi trattare con condiscendenza. Agí d'istinto, anche se un giorno qualcuno dovrà pur rivelare al mondo come non vi sia per il gatto distinzione alcuna tra ragione e istinto, che in lui si fondono in ciò che si chiama intelletto. Spiccò un balzo, superò il fossato che la separava dal re topo e gli fu addosso.

Capitolo VII

Fiutare la morte

Se la morte ha un odore, gli animali lo percepiscono in anticipo. Le civette stridono, i corvi gracchiano, i lupi ululano intorno alle case dei condannati. I cavalli di Achille sono a conoscenza del suo destino incombente. I gatti indietreggiano davanti all'odore della malattia fatale e drizzano il pelo al cospetto della bella dama senza pietà. Ma fra tutti sono solo i cani a tremare, quando la sentono arrivare come il tuono molto prima che il temporale si annunci all'orecchio umano.

Il padrone di MoMo sempre piú raramente rientrava a casa e si accasciava a letto ancora vestito e quasi senza mangiare, per dormire poche ore e poi tornare al lavoro. Aveva addosso quell'odore che MoMo aveva conosciuto da cucciolo nel canile dov'era stato abbandonato, quando erano venuti a prendere dalla sua gabbia il vecchio Buck. Non lo aveva rivisto piú, ma quando gli uomini poco dopo erano ripassati MoMo aveva fiutato ancora l'odore di Buck, confuso con l'altro che non avrebbe mai piú dimenticato.

Adesso quel miasma, divenuto familiare in casa, aveva riempito le strade. Si mescolava agli scarichi dei motori di enormi mezzi militari che sfilavano lenti in corteo, prima di giorno e poi, piú discretamente, in piena notte, facendo la spola tra gli ospedali e i cimiteri. Arrivava col vento dalle ciminiere dei crematori, che non smettevano di mandare fumo. Impregnava i muri delle case dai portoni chiusi, copriva il profumo dell'erba e della terra delle aiuole, esalava dai marciapiedi, dai selciati, dai copertoni delle auto in sosta, dagli angoli ombrosi dove si confondeva con quello delle urine dei cani. Restava nell'aria e penetrava nelle narici di ognuno di loro, provocando riflessi di dolore al pensiero dei loro padroni.

Tutti i cani del mondo sentivano che la malattia stava mordendo gli uomini alla gola e provavano il loro stesso terrore, come quando gli antenati avvertivano il fremito delle greggi all'accostarsi del lupo e loro, un tempo lupi e adesso guardiani di agnelli, anelavano alla battaglia come sentinelle all'aurora.

C'è qualcosa di diverso tra l'amore dei cani e quello di qualsiasi altro animale. Il cane non dispone della distaccata ironia che brilla negli occhi dei gatti, ma si arrende con tutto se stesso all'immagine del padrone, che gli schiude la soglia di un mondo più vasto. Con tremore tende l'orecchio al suono sordo, soffocato, insistente del battito del suo cuore, simile a quello di un orologio avvolto nel cotone. Nella sovracutezza dei sensi del cane si rispecchiano la morte incombente dell'uomo e la sua. Se l'uno muore l'esistenza dell'altro si spezza.

Così si spezzò anche quella di MoMo. Accadde in quel che restava della notte, tra il grido della sentinella e l'aurora. Tornava dal parco e non sentiva l'esigenza di attardarsi come al solito intorno alla siepe sotto casa, presidio da sempre disputato al bracco della porta accanto. Come ogni notte da che Lui non era piú rincasato, ed erano ormai molte, andava a controllare, verso l'ora di fine turno, se non stesse per una volta dormendo nel loro letto. La ronda notturna era divenuta una di quelle routine alle quali i cani si abituano in fretta, celebrandole con l'osservanza di un rito, o di un atto di scaramanzia, se non, nel suo caso, di una preghiera. «Madre nostra che sei falce in cielo, sia ululato il tuo nome. Venga il tuo regno, ma non ora. Sia fatta la tua volontà, ma non stanotte. Fa' che con amore sia riempita ancora oggi la nostra ciotola». Fa' che i presentimenti e i segni, il trasalire e il sussultare del mio corpo nei sogni, siano solo l'inganno della mia antica ansia di cane pastore.

Quando scorse le finestre illuminate, e la porta del cortile spalancata, sentí un morso alle viscere. Uomini in tuta stavano disinfettando la casa con getti di gas. Altri uomini prendevano note sui fogli e scattavano foto ai documenti che avevano estratto dal cassetto. Non entrò. Non voleva essere adottato, o, peggio, deportato in un canile. Non voleva, realizzò, piú nulla. Senza nemmeno un guaito, la lingua incollata al palato, il morso serrato che gli consentiva appena di respirare, cercò per dignità di tenere alte le orecchie che gli si piegavano e dritta la coda che gli si infilava tra le zampe tremanti, e si trascinò di nuovo verso la siepe. Raspando con le unghie s'intrufolò nel folto dei sempreverdi, dove la natura capricciosa, o l'imperizia delle cesoie di qualche giardiniere, aveva formato una nicchia, ottima per osservare non visti e come postazione

d'agguato, ma, in quel caso, soprattutto ben nascosta e adatta alla sua condizione.

Che corrispondeva – queste cose ogni animale le
sa – a ciò che i Greci chiamavano lotta e Lui con
la stessa parola – una delle poche del suo linguaggio professionale che MoMo avesse mai saputo
decifrare – agonia. È fama che tra l'ultimo fiato in
questo mondo e il primo nell'altro, anche se non
ci sono testimoni tornati quaggiú a riferirlo, a parte quell'uomo che con il corpo o fuori del corpo
– non lo seppe mai – fu rapito fino al terzo cielo,
che in quell'istante unico passino davanti agli occhi
le immagini di ciò che è stato, che è e che sarà. Si
stupí molto nel cogliere tra quelle il muso del bracco della porta accanto – come sarebbe rimasto, a
scoprire che la siepe era ormai definitivo territorio
di MoMo – e quello della gatta bianca alla quale il
giorno della grande assemblea degli animali aveva
detto, con inaspettato acume profetico: «Non ci
sarà una prossima volta». E mentre tutto scorreva
verso nuovi inizi che sarebbero nuovamente finiti,
in infiniti passaggi e passaggi, in cui il suo pensiero
dolcemente naufragava, senza che neppure per poco il cuore provasse paura, chiuse gli occhi e spirò.

Capitolo VIII
E-stin-zio-ne

Lo sguardo di terrore del re dei topi, quello impotente dei pretoriani anfibi, quelli allibiti delle gerarchie altolocate nelle tribune dell'emiciclo durarono l'attimo piú lungo delle loro roditorie carriere. Ma la presunta regicida atterrò morbidamente e si adagiò ai piedi del trono ripiegando le zampe anteriori quasi le ritirasse in un manicotto di pelliccia. Come in una grande arena la folla, fino a poco prima in tumulto e sconvolta dalle grida, d'un tratto si tace quasi a un comando superiore e trattiene un unico respiro collettivo nel vedere racchiuso in un gesto il riscatto della vita di ognuno, la beffa alle sorti dell'indovino, lo strappo ai fili da marionetta del destino, cosí rimase l'immensa massa dei sorci. Poi riprese a respirare come un sol topo, ancora incredula che ciò che aveva visto fosse accaduto davvero.

Sembrava che la gatta bianca si fosse addormentata accanto al re, il quale si teneva altrettanto immobile. Gli occhi le si assottigliavano fino a sembrare il prolungamento della linea vellutata, dell'ardito tratto di matita, del bizzarro trucco orientale che univa le palpebre alle orecchie. Eppure vegliava, cogliendo ogni minimo fruscio e avvertendo ognuna delle migliaia di presenze che alitavano nella grotta.

In quell'immobilità da fachiro, vibrando ed emettendo, come si dice facesse la sibilla, il verso che nei felini è chiamato fusa, sussurrò alle orecchie del topo stupefatto: – Gli umani sono piccoli, deboli e poco perspicaci. Le forze diffuse nelle loro membra sono anguste, molti mali estenuano i loro pensieri. Sono rapidi a morire, e nel corso dell'esistenza non scorgono che una piccola parte della vita. A differenza degli animali vivono come se non dovessero morire e muoiono come se non avessero vissuto. Svaniscono come fili di fumo e la cosa piú difficile per loro è capire che non sono nulla, che vivere è formarsi per la morte e nuovamente dissolversi, e che tuttavia gli esseri viventi rinascono continuamente in una diversa forma, e non esiste il niente, non sarà mai vuota l'eternità infinita. Ma ascoltami se dico che stanno imparando –. Mosse appena la coda come la piuma di un ventaglio.

– Potrebbero imparare, – ammise riprendendo colore dopo lo spavento il gran sorcio, – se accogliessero in sé qualcosa di noi topi: la nostra intelligenza, la nostra fantasia di piccoli mercuri pronti a tutti i trucchi, veloci, inventivi, eppure, – e gli occhi rossi si riaccesero nel buio, – continuamente cacciati dal gatto che controlla la casa per il suo egocentrico comfort. – Sono d'accordo, – replicò la gatta bianca glissando. – Gli uomini dovrebbero accogliere qualcosa di ogni bestia. L'animale è un cittadino perbene quando vive in natura, è pio, segue la sua via con grande regolarità. Soltanto l'uomo è stravagante. Dovrebbe specchiarsi in noi, nelle nostre immagini e nei nostri comportamenti, – concluse vietandosi di sondare l'incolma-

bile abisso che scorgeva tra la routine di un gatto
e quella di un ratto, – per vedere piú a fondo nella
sua anima e conoscere se stesso.

– Conoscere se stesso? Mia candida predatri-
ce, piegando l'orgoglio del tuo lignaggio felino hai
chiesto udienza al re della stirpe che da millenni
meglio conosce la natura umana, – ribatté melli-
fluo il sorcio. – Vedi, adesso ogni uomo vive come
un selvaggio nella sua tana, e ne esce di rado per
visitare il suo simile, del pari accasciato in un'altra tana, – declamò ispirato. – Credi sia colpa del
contagio? No. È la sua vera natura.

– Ti sbagli, – replicò la gatta. – L'uomo, se non
è un monaco o un bonzo, non sa stare a tu per tu
con se stesso, e non può. È un animale politico. È
nella società dei suoi simili che si rafforza, nel bene
e nel male. Preso da solo, o in piccoli gruppi, non
potrebbe mai competere non dico con un grande
felino, ma neanche con uno scimpanzé.

Dalla guardia roditoria si alzò un sommesso squittio di approvazione. Il sorcio fece una pausa teatra-
le, poi gongolò scoprendo i sottili incisivi giallastri
con l'espressione maligna di certe megere quando
colgono in fallo il prossimo. – Oh, cara la mia Bian-
caneve, ma quale animale politico! È il tornaconto
personale, l'interesse particolare, a muovere tutte
le azioni dell'uomo! Se la posta è il bene comune,
nessuno di loro si considera mai remunerato abbastanza. Quand'anche un umano si desse la briga di
pensare agli interessi del suo popolo, come facciamo
costantemente noi topi, invano spererebbe che nel
momento del pericolo o del bisogno quel popolo si
scomodasse a ricordare il servigio ricevuto. La gran-

de famiglia universale di cui vai parlando è un'utopia degna della logica piú mediocre.

Il topo aveva urlato l'ultima frase in faccia alla gatta, a beneficio di tutta la commissione che si sgolava a dargli ragione in un pandemonio di squittii. Ma la gatta non si perse d'animo e stirandosi con studiata lentezza per far scemare le grida assunse la posizione oracolare delle statuette egizie della dea, accucciata con le zampe anteriori erette e debitamente congiunte, le orecchie puntate. – Se non conosci né il nemico né te stesso, – sussurrò, – ogni battaglia significherà per te sconfitta certa, diceva un vecchio generale. L'uomo non si conosce, lo sappiamo bene, da quando il germe della dimenticanza lo ha esiliato dall'unica grande anima del mondo. Ma ora sta capendo, per effetto di un altro germe, il tuo, qual è il suo vero nemico. E sta cominciando a ricordare di essere anche animale –. Si grattò l'orecchio. – C'è ancora del buono in lui.

– Del buono? – trasecolò il piccolo cesare. Con un gesto plateale della zampa di sotto in su, da direttore d'orchestra, invitò ad alzarsi un'oscura pantegana, che restando nell'ombra ma con particolare attenzione aveva ascoltato fino a quel momento lo scambio tra l'intrusa e il suo re. Era il primo ufficiale medico del castro roditorio e i robusti mustacchi aggiungevano autorevolezza alla sua espressione intenta, che, a quell'invito, si fece perentoria. Batté i tacchi, avanzò verso il proscenio e intonò una lectio magistralis che doveva essere il pezzo forte del suo repertorio ai congressi internazionali. – Mi sia permesso osservare, in virtú dei miei titoli e della mia lunga carriera nei laboratori bat-

teriologici del nostro popolo, che estinzioni e infezioni sono legate a filo doppio. La deforestazione,
la caccia, il bracconaggio e il commercio illegale di
bestie esotiche, la distruzione dei loro habitat da
parte di homo sapiens hanno creato una promiscu-
ità che i suoi stessi antenati avrebbero considerato
sacrilega tra lui e gli abitanti della natura selvaggia. Il tipo di interazione che gli uomini oggi sta-
biliscono con gli ambienti naturali determina non
solo il degrado di questi ultimi, ma il proprio. Ciò
si applica all'inquinamento, al dissesto idrogeolo-
gico, ai cambiamenti climatici –. Si schiarí la vo-
cina stridula, nettandosi i baffi con le unghie af-
filate. – Con l'esperienza fornitami dallo studio
della millenaria perizia nel trasmettere infezioni
zoonotiche da sempre coltivata dal nostro popolo, posso affermare che è questa violazione sacrilega, ossia, in termini piú sobriamente scientifici,
lo sfruttamento delle zone vergini e incontamina-
te, la loro sostituzione con coltivazioni intensive,
a prefigurare, dopo il genocidio di milioni di animali e di intere specie, il non inauspicabile scena-
rio di un'infezione globale della piú letale tra loro,
la specie umana, e quindi, prima o poi, di una sua
spontanea estinzione.

– E-stin-zio-ne, – ripeté il re garrulo, congedando il luminare con un luminoso sorriso. – Cara fi-
lantropa, capisci ora che non sono stati in realtà
né il mio modesto piano strategico, né lo zelante
apporto del mio compare pipistrello, ma gli uomini stessi a portare il contagio a casa loro? E che
presto, – sorrise cinicamente, – e senza piú necessità di alcuna azione facilitatrice da parte nostra,

un'altra e definitiva pandemia si abbatterà sui tuoi beneamati umani?

Fu in quel momento che la gatta perdette il suo aplomb e con un ululato gutturale, che pareva venire dal fondo delle viscere di un altro e ancora piú antico animale, o il grido di guerra di un capo pellerossa, o il canto di uno sciamano rapito dallo spirito di un giaguaro: – La verità è che tutti voi viscidi e infidi sorci che vivete nei gradini piú bassi del sottoscala alimentare dell'uomo, – vomitò, come se dovesse liberarsi di un'enorme palla di pelo non digerita, – sareste felici se l'umanità si estinguesse lasciando solo colossali rovine come queste, – e fiutando a piú riprese alzò il muso alla cupola, – che il vostro fetore ha profanato.

– La verità, – le ringhiò sulla voce il topo, – felina ingrata e supponente, è che sei furiosa, come tutti quelli della tua razza, alla sola idea che con il crollo del mondo umano vengano meno i tuoi millenari privilegi. Voi gatti, veri parassiti. E quegli altri, i cani, che dite di non sopportare ma con i quali invece vi dividete come un'elemosina l'amore degli umani –. La grassa pancia del sovrano sussultava di rabbia, la voce era un rantolo di quelli che capita di udire la notte fra le travi di legno dei casali abbandonati. – Va' a chiedere aiuto al tuo amico cane. Non chiederlo a me, che ho una nazione da creare, adesso che, comunque vadano le cose per voi, anche noi topi avremo uno stato riconosciuto alla luce del sole.

E alla luce del sole la gatta bianca tornò, ripercorrendo le orme delle sue zampe inzaccherate. Si adagiò sull'erba a pancia in su evitando le ortiche e coscienziosamente cominciò a lavarsi, mentre il tramonto incendiava il foro. In quel momento un orribile frastuono, che si alzava in lontananza, la paralizzò con la zampa posteriore in aria, facendole rizzare le orecchie. Centinaia di auto invadevano il belvedere archeologico in un sabba di clacson. Striscioni, cartelli e altoparlanti diffondevano slogan che contestavano l'obbligo della quarantena.

Era un fenomeno sconosciuto a memoria di gatto, si disse, che va oltretutto moltiplicata per sette, quante sono le sue vite. Gli umani, dunque, scendevano in piazza a protestare contro la solitudine. Come se fosse lei il nemico. Come se non si nascesse e morisse, uomo o animale, sempre da soli. Anche se mai come allora gli umani erano stati cosí soli nell'esalare l'ultimo soffio. L'anima li abbandonava separati dalle loro tribú, segregati, sepolti vivi nella loro sofferenza, fino a soffocarvi. Socchiuse gli occhi verdi, si allungò sull'erba fresca e riprese a levarsi di dosso il fango e quella stessa terra nella quale le decine di migliaia di corpi ai quali il contagio aveva tolto il fiato non riuscivano piú neppure a essere seppelliti.

Capitolo ix
Metamorfosi

Non è detto che Augusto credesse a tutto quel
che diceva Ovidio quando descriveva le metamorfosi degli umani in animali o in piante. Siamo nati,
o grande imperatore del mondo, da denti di drago,
usciti da uova dal guscio d'argento, plasmati dalla
natura degli uccelli. Siamo stati allattati da lupi su
sponde di fiumi, nutriti da corvi su greti di torrenti,
medicati da talpe nel buio delle loro tane. Abbiamo
coda di pesce, testa di toro, siamo sirene e ittiocentauri che non vivono né solo d'aria né solo d'acqua,
minotauri smarriti nei nostri labirinti. Nel serraglio
di Circe si incrociano sguardi umani, ed è una di-
sgrazia trasformarsi da animale in uomo, non il contrario. Come un bambino che teme le medicine del
dottore e rifiuta gli insegnamenti del maestro, che
modificano la sua condizione di malato e di igno-
rante rendendolo piú sano e piú saggio, cosí è chi
evita la metamorfosi da un essere in un altro. Questo avrebbe voluto dire il poeta all'altezzoso cesare
adagiato sul suo triclinio mentre un senso di vuoto
lo prendeva la sera con l'odore della cenere di san-
dalo che si raffreddava nei bracieri e si mescolava a
quello della pioggia di giugno che esalava dagli orti
dove il cipresso e il pino fruttifero erano intagliati
in forme animali, scolpiti come simulacri di divinità.

Ricerca dentro di te questi animali e li troverai nella tua anima. Comprendi, cesare, che hai in te stesso greggi di buoi, greggi di pecore e greggi di capre. Comprendi che in te ci sono anche uccelli del cielo. Comprendi che sei un altro mondo in piccolo, e che in te ci sono il sole, la luna e anche le stelle. Ma sappi che sei anche il topo che ti visita in sogno, che sulla schiena grigia porta la repentinità dell'imprevisto, che pratica fori e apre passaggi. E guardati, o divo, dall'intrappolare il topo.

Che il principe credesse o no alle parole del poeta e riuscisse o no a discernervi la filigrana di un disegno tanto sottile da sfuggire al morso delle termiti, non poteva, da sotto il pio velo di pontefice massimo, acconsentire che una tale libertà venisse concessa all'immaginazione dei sudditi. Non erano piú i tempi dei grandi imperatori d'Oriente che promulgavano, incidendoli nella pietra a ogni angolo di regno, editti e leggi in difesa degli animali. Ovidio finí esiliato come prima di lui gli antichi dèi dalle sembianze di giovenca e civetta, di aquila o lupo. O come Anubi dal volto di cane e Horus dal becco di falco e Bastet dalla testa di gatta o anche Asclepio, il dio talpa, e tutte quelle divinità greche e latine che prima di assumere aspetto umano erano venerate in forma di animale.

Di corvo, per esempio. E il corvo lo sapeva bene. Aveva nel suo lignaggio molti candidi dèi prima che l'ira prendesse uno di loro, il dio corvo Apollo – pensava, preparandosi a migrare in quella tarda primavera verso le regioni da cui proveniva. – Cra cra! Cra cra! – Guardava i compagni di stormo lisciare col becco adunco il piumaggio delle ali, nere

come la tempesta, lucide come l'acciaio delle spade
in una notte di battaglia, buie come una maledizio-
ne che avesse condannato alla caduta una folla di
stelle oscurandole per sempre alla luce del giorno.

Erano bianche, prima della metamorfosi, come
il lampo del sole quando colpisce con la sua falce le
nevi perenni del regno degli iperborei, dove Apollo
con loro, come uno di loro, aveva dimorato. Perché allora anche i corvi erano iperborei e sapevano
quanto diversamente vivevano e al di là del nord,
del cielo, della morte, conoscevano la via. Ma Apollo
tinse di nero l'ultimo corvo dalle piume bianche per
la sua loquacità, poiché aveva svelato il tradimento
di cui si era macchiata Coronide, e il dio obliquo
l'aveva trafitta scoccando dall'arco d'argento una
delle frecce che suonavano nella sua faretra, e aveva
affidato il piccolo Asclepio cuore di talpa, strappato
dal ventre di lei, al piú grande di tutti i maestri, il
centauro Chirone, l'immortale, metà uomo e metà
cavallo, che ebbe cura non solo di lui ma anche di
Eracle e Achille, e Orfeo e Giasone e Teseo e molti
altri. I racconti della tradizione si affollavano alla
mente del corvo finché allargando le ali come un
ventaglio funebre spiccò il volo.

La strada non era piú deserta come nei due mesi
in cui aveva dimorato sull'antico tetto di tegole spioventi, ma solcata da traiettorie di biciclette. Uomini,
donne e bambini, alcuni con labbra e naso coperti
da rettangoli di carta o tessuto, pedalavano pigra-
mente sotto il sole del primo pomeriggio. A qualche
distanza intravide raggiungerli il vecchio dalla barba bianca che aveva incontrato al suo arrivo, anche
lui in sella, ma a un'andatura precipitosa. C'era, nel

suo modo di andare, qualcosa di diverso dagli altri. Uno slancio, un che di febbrile negli occhi sgranati, nella bocca sdentata che spalancandosi ingoiava l'aria con l'avidità di un giovane puledro. La camicia aperta mostrava seminudo il petto dalla peluria argentea, le mani avevano abbandonato il manubrio e danzavano nell'aria. L'uomo era in estasi come se avesse ritrovato, insieme alla vecchia bicicletta, il ricordo dell'infanzia tra le macerie di un mondo da ricostruire, o forse qualcosa di ancora anteriore, emerso dalla solitudine e dalla reclusione, dalla materia dei sogni e dalle forme animali che balzando da lontananze primordiali nel buio del letto condividono l'intimità piú profonda e ricapitolano ogni mattina, al risveglio, il giardino dell'Eden. – Un cavallo, un cavallo, il mio regno per un cavallo! – parve al corvo di sentire gridare quell'anima lanciata al galoppo verso la sua metamorfosi. E fu allora che il corvo comprese: la sagoma ibrida che stava guardando in controluce era diventata un centauro, proprio come Chirone, al quale poco prima stava pensando, per una delle non rare coincidenze di fatti soggettivi e oggettivi che non si possono spiegare causalmente, e che quello stregone svizzero chiamava sincronicità.

Il recinto quadrato del giardino, nello spiazzo tra le case, era fiorito come al tempo delle feste di Adone. Al centro la panchina di marmo si stagliava come un altare vuoto. Mentre il corvo scendeva in picchiata puntando il tappeto di ghiaia, il vecchio centauro vi si avventò smuovendola rumorosamente con gli zoccoli scalpitanti, il viso saggio dalla barba appuntita. I suoi occhi tra le molte rughe, i suoi antichi, scintillanti occhi, erano felici.

Capitolo x
I giusti

Non c'è generazione, secondo la tradizione ebraica, che non conti un certo numero di uomini retti che segretamente sorreggono l'universo. Vengono chiamati «i giusti» o «i nascosti», perché vivono sperduti per il mondo, anonimi, e non si riconoscono né sono consapevoli della funzione che esercitano. Le opinioni divergono riguardo al loro numero. C'è chi parla di quattro giusti, chi di trentasei; secondo altri sono cinquanta. Queste cifre, tuttavia, risalgono a tempi in cui l'uomo usava i numeri non per accumulare ricchezze e calcolare interessi, ma come i poeti usano le parole, sempre insufficienti, per descrivere l'universo infinito. Allora i nomi erano numeri e i numeri nomi. Divisibile e moltiplicabile all'infinito era il numero, altrettanto il nome che vi si rispecchiava e nascondeva con la timidezza di una gazzella. E il significato racchiuso nelle lettere *lamed* e *waw* è segreto come quello di ogni altra cifra, come segreto resta il nome del dio dei cabalisti. Non è dato sapere se siano due volte diciotto i giusti del mondo, o se il loro numero sia infinito, o indefinito perché soggetto a espansione come lo è l'universo, che *no tiene ni anverso ni reverso* e non si lascia cogliere né dai metri dei poeti né dalle sequenze dei matematici. Quello che è certo è che un giusto sarà sempre troppo umile per credere di esserlo.

Un uomo che coltiva il suo giardino, come voleva Voltaire. Chi è contento che sulla terra esista la musica. Chi scopre con piacere un'etimologia. Due impiegati che in un caffè del Sud giocano in silenzio a scacchi. Il ceramista che premedita un colore e una forma. Il tipografo che compone bene questa pagina, che forse non gli piace. Chi accarezza un animale addormentato. Chi giustifica o vuole giustificare un male che gli hanno fatto. Chi preferisce che abbiano ragione gli altri. Queste persone, che si ignorano, stanno salvando il mondo, dice il piú grande poeta cieco dopo Omero.

Si ignoravano la giovane madre dai lunghi capelli rossi e il vecchio dalla barba bianca, che mamma anatra e il corvo avevano incontrato, e il ladro che una notte si era imbattuto nel sacro cervo. E anche il giovane assicuratore calvo e curvo che si struggeva recluso in casa da settimane, sognando la luce tremula dei neon del suo ufficio, e che una mattina dopo sogni inquieti si era svegliato nel guscio verde di uno di quegli scarabei che gli Egizi hanno eletto guardiani del cuore, come aveva ben visto e raccontato non la prima cinciallegra di passaggio sul fare del giorno, ma una fonte autorevole come il geco dalle mani stellate, antico re sacerdote, venerato tra i lari e penati, che alla saggezza aggiungeva la competenza alimentare, visto che di coleotteri puntigliosamente si nutriva.

E anche la madrina della lega anticaccia, una signora dalla pelle ambrata con qualche lentiggine scura e qualche piccolo neo, riservata fino al-

la timidezza, estremamente garbata e padrona di
sé e della quale la vecchia balia diceva: «Dentro è
sempre stata un po' selvaggia», che un primo pomeriggio, ogni attività sociale finalmente sospesa,
passeggiando nel giardino di casa per mano al ma-
rito si era trasformata in una piccola volpe di color
rosso acceso, come riportato non da un qualsiasi
gatto, testimone di parte in quanto vecchio compare di malefatte, ma da una veneranda tartaruga,
che tante ne aveva viste ma nessuna come questa.
E anche il ragazzo cinese, cacciato dalla scuola e
allontanato dagli amici perché trovato colpevole di un delitto che non c'era ma che si voleva,
quello di untore, diffusore di un contagio venuto
dal Paese dei suoi nonni a lui peraltro ignoto, che
tutto solo si era rifugiato in un prato di periferia
punteggiato di primule e si era addormentato e risvegliato farfalla, e riaddormentatosi si era sognato
ragazzo, e non avrebbe alla fine saputo dire se fosse farfalla sognata da ragazzo o ragazzo sognato da
farfalla. Una scia variopinta di efemeridi lo aveva
testimoniato concorde alla grande nuvola degli insetti che sovrasta le città e diffonde mobile e mol-
teplice ogni notizia tra i suoi abitanti.

Non sapevano di essere giusti e non si ricono-
scevano. Ma c'era chi li aveva riconosciuti: gli animali. Sembrava che le parole della balena si stesse-
ro avverando: gli umani possono ancora imparare.
Alcuni di loro stavano debellando il germe della
dimenticanza che aveva corrotto la loro stirpe. Da
quando si erano calati in quei corpi si meraviglia-
vano dei discorsi di chi vuole persuadere il prossimo a considerare prive di ragione e di intelligenza

tutte le creature eccetto l'uomo. Erano confusi, smarriti, soffrivano. Ma il dolore è, in natura, il mezzo dell'apprendimento. «Pathei mathos», dicevano gli antenati: il dolore è maestro. Da tempo l'uomo percepiva l'estinguersi delle piante e degli animali, delle culture e dei linguaggi, dei costumi, dei mestieri e delle storie. E perciò era naturale che la sua anima provasse già una sensazione di isolamento, di nostalgia e di lutto. Perché questo universo è un unico essere vivente che contiene in sé tutti gli animali, avendo un'unica anima in tutte le sue parti. Ma se esiste un'anima del mondo e tutti ne fanno parte, allora ciò che accade nell'anima esterna accade anche all'anima interiore.

Da molto prima della grande quarantena le anime degli uomini erano malate. Ma non sembravano accorgersi che la loro depressione era dovuta alla distruzione della terra. Ora l'epidemia, la morte, lo svuotarsi del mondo che li circondava avevano fatto risorgere la memoria dell'arca che era in loro e li avevano ricongiunti alla grande anima in cui ogni animale è immerso. Trasformando la propria umanità indicavano una via per la trasformazione dell'umanità. Erano loro i giusti. Quelli che dalla sventura avevano imparato, come voleva la balena, a cantare con voce struggente la gioia del lignaggio animale ritrovato.

Tiotío tiotínx. Triotò triotò totobríx. Tuít-tuít-tuít. Giag-giag-giag-giag-giag-giag. Tiriú, cantava, rompendo il silenzio, versando il suo spirito tremulo e sottile, l'adolescente diventata usignolo, mentre con brevi voli passava dall'uno all'altro ramo fuori dalla gabbia domestica dove non poteva piú toccarla il grand'uomo di casa. Lei, cosí rudemente forzata, torceva, assottigliava, incatenava, scioglieva, dipanava e riannodava la stessa melodia in piú timbri, come se le suonassero dentro cetra flauto liuto organo e lira. *Tiriú-tiriú*, faceva eco sua sorella la rondine, trasformando in mille lingue una lingua tagliata.

Capitolo XI
Marmi

Quando MoMo si svegliò, alla luce dell'alba, non era più nella siepe, ma disteso su un lastricato di pietre lisce e fredde nel punto in cui si congiungevano tre vicoli. La prima cosa che vide, e si domandò se non si trovasse all'altro mondo, e, nel caso, in quale dei vari di cui si vociferava, fu un gigantesco piede mozzo, che gli diede un brivido anche perché lo fece sentire più piccolo di un pincher nano. Ma a un secondo sguardo vide che era di marmo e capí che doveva essere il resto di una colossale statua. Intorpidito stirò le zampe posteriori. Ora immaginatevi voi quale fu la sua meraviglia quando, alzando la testa, si accorse che i suoi arti canini non c'erano più e al loro posto vide un paio di lunghe, rosee e glabre gambe umane. Ecco perché sentiva il suolo cosí freddo. Era sparita la pelliccia, e non solo dalle zampe, anche dal dorso e da tutta la superficie del corpo, che, lungi dall'essersi rimpicciolito, si era allungato di almeno tre volte la sua passata stazza.

Si girò prono e cercò di mettersi seduto, puntellandosi sugli arti anteriori per raddrizzare la schiena, ma il risultato fu deplorevole. Scivolò in avanti, sbatté con violenza il mento sul selciato finendo lungo e disteso e quando riaprí gli occhi si

ritrovò davanti al muso due mani umane con cinque dita ciascuna, altrettante unghie e nessun artiglio. Le annusò e quelle si allontanarono. Ritrasse il naso e loro avanzarono, poi si arrestarono.
MoMo si concentrò e le dita presero a muoversi.
A quel punto realizzò che facevano parte del suo
corpo, le portò al muso e tastandolo constatò, con
sollievo, che quello non era cambiato, era sempre
il suo, appuntito, con il naso morbido e umido e
le orecchie a punta che incoronavano il profilo di
meticcio onestamente ben riuscito, frutto dell'amore tra due cani e non degli incroci combinati dagli
esperimenti umani.

Si alzò da bipede con una facilità che mai avrebbe sospettato quando gli capitava di farlo da quadrupede – spesso, a onor del vero – davanti a Lui,
per leccargli il viso o anche solo per prendere il cibo che per gioco gli sollevava sempre più in alto.
L'energia che sentí dentro quel corpo che era e non
era il suo, ma nel quale, era indubbio, albergava il
suo cuore di cane, lo commosse e lo rattristò, perché
gli ricordava da vicino il padrone. Svaní comunque
il sospetto che quanto stava sperimentando fosse
sogno o delirio. Era sempre stato dotato di buon
senso e di un solido principio di realtà, a differenza di quei cani che prima o poi si convincono di essere uguali ai loro padroni quanto certi umani che
si aggrappano al tale politico o al tale finanziere,
e come l'edera, che dell'olmo tutore accarezza il
grande tronco e lecca la scorza, si arrampicano an-
ziché salire con le proprie forze. I cinocefali (e si
stupí di avere ricordato senza incertezze una parola umana tanto difficile) non si vedevano da ge-

nerazioni, pensò, con un certo orgoglio. Uno degli ultimi uomini con la testa di cane, si tramandava fra i lupi della steppa, era stato avvistato piú di un secolo prima nelle botteghe color cannella di una città mitteleuropea. I loro sacri progenitori erano quasi dimenticati. Sopravviveva il ricordo di san Cristoforo Cinocefalo, protettore degli appestati, venerato solo in qualche sperduta iconòstasi bizantina, a sua volta pronipote di Anubi, signore dell'Occidente, guardiano di Cinopoli, dove MoMo pensava si sarebbe risvegliato dopo morto.

Era del tutto evidente però che quella non era la Città dei Cani. Doveva raccogliere le idee in una lista, come fanno gli umani. Primo: non era morto. Secondo: i tre quarti del suo corpo erano umani e quindi, terzo, la lista rientrava nelle sue facoltà e stavolta l'avrebbe stilata a regola d'arte. Quarto: non era piú nella sua città. Quinto: come e quando fosse arrivato a quel trivio sconosciuto era circostanza perfino meno chiara della sua trasformazione. Su entrambi i quesiti per il momento non era in grado di indagare. Anche perché era il sesto punto a turbarlo di piú: e adesso? Cosa avrebbe fatto della sua nuova vita, adesso che Lui se n'era andato? In quale nulla sarebbe scivolato? A quante vane lune avrebbe ululato? Gli aveva lasciato l'intero pianeta, ma senza di Lui era stretto e spietato. E però, guardando ora il suo corpo umano, che di Lui era specchio, gli sembrava di vedere la fine di un cammino, la possibilità, senza lacrime né fiori, di un addio.

Questa volta la lista non era stata del tutto inutile. Rifiatò. Come quando sulla possente giungla cala la notte e le scimmie che fino a poco prima saltavano stridendo di ramo in ramo tornano ai loro ripari e gli alberi ammutoliscono come un teatro vuoto, cosí la mente di MoMo parve disfarsi della scimmia dei pensieri. E in quel momento non furono né l'uomo né il cane, né la ragione né l'istinto, ma fu il respiro, che passando dalle umide narici nere gli gonfiava il petto rosato, a far sí che il cuore, battendo a un ritmo sempre piú regolare, emettesse come un filo di fumo d'incenso l'immagine diafana, la stessa che ricordava di avere visto appena prima di morire, della saggia gatta bianca.

Sarebbe del tutto eccessivo credere che gli animali abbiano – come, si dice, certi santi – il carisma dell'ubiquità. Ma è certissimo che sappiano comunicare a distanza da molto prima che l'uomo inventasse quelle che chiama telecomunicazioni o connessioni digitali. Non si tratta solo dei codici di navigazione degli uccelli migratori, o dei messaggi inudibili che le balene emettono oltre al canto, o dei segnali cifrati nel volo delle api. Tutti gli animali, nessuno escluso, sanno connettersi tra loro, anche dall'uno all'altro capo del mondo, quando la necessità di natura o una qualche altra intima urgenza lo impone. Anche il cane e il gatto. Anche la gatta bianca e MoMo, che quel mattino si stavano pensando a vicenda e stavano sintonizzando il loro pensiero.

L'immagine della gatta parlò all'uomo cane e gli disse: – Raggiungimi. – Dove? – fece il cinocefalo. – Sono qui, percorri i passi del piede di marmo della dea –. Il sorriso della gatta pervase il cuore di MoMo: – Segui il vicolo che porta alla piazza, lí mi

troverai –. Le lunghe gambe nude di MoMo impiegarono poco ad affacciarsi nel recinto rettangolare che si apriva oltre il trivio segnato dal piede colossale della statua di Iside. Tutto era immobile. – Dove sei? – abbaiò spazientita la sua parte canina, rimasta diffidente verso la razza felina. Silenzio. MoMo ebbe l'impulso di annusare il terreno, ma chinarsi da quei trampoli gli riuscí difficile mentre fu sorprendentemente facile guardare in alto. La piazza era cinta da antichi palazzi con le finestre incorniciate di marmo bianco. Su una di queste lo colpí, per contrasto, la sagoma appollaiata di un corvo

nero. Dall'altro lato del davanzale si sarebbe detta
scolpita nello stesso marmo la minuscola statua di
una gatta. Quando il corvo incontrò lo sguardo di
MoMo allargò le ali e scese verso la piazza. MoMo
non fece in tempo a seguirlo con gli occhi perché
contemporaneamente la gatta di marmo fece un balzo e dal davanzale atterrò ai suoi piedi.

– Benvenuto nel quartiere egizio, – miagolò. – Qui
sotto ancora spalancano i loro atri e dipanano i loro corridoi gli antichi templi di Serapide e di Iside,
signora dei gatti dalle sette vite. A proposito, benvenuto anche nella seconda delle tue. Per un cane
è raro averne piú di una. – È ancora piú raro, –
bofonchiò MoMo girando all'insú i palmi delle
mani e scrutandoli perplesso, – morire cane in una
siepe e risvegliarsi uomo non si sa dove –. La gatta
abbandonando il suo corpo al sole e socchiudendo
gli occhi lo corresse affettuosa: – Non sei esattamente morto. E non sei neppure diventato uomo,
a giudicare dal tuo muso. Il dolore, come l'amore,
genera una metamorfosi. A proposito, condoglian-
ze –. L'uomo cane chinò la testa: – È stato il contagio. – Lo so, – si rabbuiò la gatta bianca. – Di
umani come il tuo padrone, che hanno sacrificato
la vita per salvarne altre, ne sono caduti, in tutto
il mondo, migliaia. Ma Lui sarebbe contento di
sapere perché sei stato trasportato qui –. MoMo
rammentò uno dei primi quesiti della sua lista e si
animò: – Come? Da chi? – Lo saprai a suo tempo. Adesso ci aspetta una questione piú urgente.
E lui, – si girò verso il corvo, che seguiva attento
lo scambio, confondendosi con la propria ombra
nel sole del mattino che avanzava, – ci aiuterà –.

La gatta bianca aprí gli occhi verdi alla luce e le pupille le si restrinsero in due lame sottili: – Dobbiamo salvare il genere umano.

MoMo la guardò come un cane non ancora ammaestrato squadra per la prima volta il saltimbanco che gli ordina di correre verso un punto lontanissimo, fermarsi di colpo, accucciarsi, sdraiarsi, rotolare, fare il morto e rialzarsi a ballare su due zampe, prima le posteriori e poi le anteriori, al suono di un organetto. Il cane di solito, come MoMo in quel preciso momento, ha un solo pensiero: «Gli ha dato di volta il cervello». Questo lesse nella sua espressione la gatta. La quale non si scompose, ma diligentemente proseguí: – Come assodato dai piú autorevoli esperti di pestilenze, – e qui omise di menzionare la specie dell'ultimo che aveva ascoltato, – questa è solo la prima di una serie inevitabile di pandemie. Altre ne verranno e stavolta non ci sarà un'assemblea degli animali a decidere quanto letali. Se l'uomo non cambierà il suo atteggiamento verso la natura, si estinguerà spontaneamente –. Di colpo, a quell'idea, il sangue andò alla testa canina di MoMo, mentre il suo corpo umano sbiancò come se non ne avesse piú neanche una goccia. La gatta concluse: – Tu e io, che siamo da sempre i suoi alleati, dobbiamo aiutarlo –. Detto questo, come se non ci fosse altro da aggiungere, prese a lavarsi.

Il corvo girava il collo a scatti tra la gatta e l'uomo cane, come fanno gli uccelli quando sono concentrati, senza rinunciare, ogni tanto, a darsi una spiumatina col becco. I suoi occhi tondi leggevano ora in quelli di MoMo la lotta tra una natura canina ormai privata della pulsione dell'istinto e

una natura umana ancora ignara del fatto che chi
ama può fare qualunque cosa. Fissò dritto in quello sguardo smarrito il suo antico e sapiente: – Ge-
neroso figlio di un cane, fino a poco fa avevi una
ragione per morire, ora hai una ragione per vivere. Le due, come disse un grande profeta, sono la
stessa, ma difficile è comprenderlo –. Saltellando
sulle zampe strusciò con le piume i suoi polpacci.
– Considera la tua nuova forma. La testa è rimasta quella nobile di un cane e ti guiderà nella decisione. Ma non dimenticare le tue mani. Ascolta-
le, che cosa ti stanno dicendo? – gracchiò. MoMo
guardava il corvo e la gatta senza capire che parte
mai potessero avere la sua vecchia mente, e tanto
meno le sue nuove mani, in una vicenda cosmica
di uomini, animali, contagi, estinzioni: quale con-
tributo poteva mai dare un meticcio, nelle ultime
ore divenuto per giunta ancora piú bastardo? Finalmente posò gli occhi sulle mani. E queste, senza
che ci potesse fare nulla, cominciarono a muoversi
da sole verso la gatta. La sfiorarono, poi presero
a scorrere delicatamente sul suo piccolo corpo che
le assecondava inarcandosi e stirandosi e alzando
la coda. Per la prima volta sentí che cosa prova un
bambino ad accarezzare un animale e la decisione
fu presa.
    – Che cosa devo fare? – le abbaiò con dolcezza.
Se c'è una cosa nella quale i gatti sono maestri è
trasmettere a chiunque li tocchi il loro punto di vista sulla vita: non agire, ma non lasciare nulla di
incompiuto. La gatta si raccolse nella sua posizione
ieratica di sacerdotessa, tanto che sembrava tornata di marmo, e scandí: – Dovrai parlare alla grande

assemblea –. MoMo abbassò le orecchie al ricordo della magra figura che aveva fatto al raduno sulla montagna, come non aveva mancato di rimarcare, in quel loro primo incontro, la stessa gatta bianca. – Ma l'assemblea sarà, questa volta, ancora piú grande. Perché dovranno partecipare, pronunciarsi e deliberare, insieme agli animali, anche quegli esseri umani che nella solitudine, nell'isolamento e nella lotta contro il contagio diffuso dal pipistrello hanno estinto il germe della dimenticanza e ridestato la reminiscenza. Questi giusti si sono ricordati che i capelli, le foglie e le piume degli uccelli sono un'unica cosa. Che se uomini, fiere, alberi, pesci vivranno puramente, diverranno veggenti, poeti, medici e capi sulla terra, e infine dèi immortali.

La gatta appiattí le zampe anteriori ad assumere la posizione della sfinge: – Si sono rivelati allo sguardo di noi bestie, – continuò, mentre il corvo annuiva, – anche se non ancora l'uno all'altro, assumendo la loro parte animale non solo dentro di sé. Alcuni di loro, trasformando anche la loro apparenza fisica, sono diventati animandri, sacri ibridi. Come te, ma seguendo il percorso opposto: mentre tu, da cane che eri, sei divenuto in parte il padrone che amavi, loro, da umani, sono diventati parzialmente animali, mescolandosi alla natura che hanno scoperto di amare. Perché in ogni metamorfosi è sempre il desiderio che si esprime, è l'unione amorosa che si manifesta, la stessa che tiene insieme l'anima del mondo. Perché alberi, umani, fiere, uccelli nascono dal dissidio dell'odio e dell'amore. Nell'uno tutto è difforme, nell'altro tutto si riunisce.

Ci fu una pausa, poi MoMo ritrovò la voce: – E dove sono questi giusti? Questi illuminati? Questi… ibridi? – domandò, rivolgendosi alternativamente alla gatta e al corvo. – Animandri, – lo corresse a becco stretto lui. – O filelfi, come sono chiamati, – illustrò la gatta, – nell'antica lingua che si usava prima di Babele. A giudicare dagli avvistamenti registrati in questo periodo, – soggiunse, e il corvo di nuovo annuí, – sono ancora piú numerosi che nell'èra alla quale appartiene questo tempio, – e torse il collo a leccarsi la spalla. – Alla grande assemblea dovrai parlare a nome loro. – Però, – replicò dopo un attimo di riflessione il cinocefalo, – se sono cosí tanti, e sparsi su tutta la terra, come faremo a convocare l'assemblea? – A quello penso io, – gracchiò risentito il corvo, – ovviamente. – Volevo dire, – si corresse con cautela MoMo, – come arriveranno laggiú? Il viaggio è lungo e il tempo è poco. – Non preoccuparti, – sorrise la gatta bianca, – sarà compito di chi ha provveduto a trasportarti qui.

Capitolo XII

La voce delle stelle

Ogni notte, svegliandosi e trascinando il grande corpo fuori dalle profondità della tana, mamma orsa ha una certezza: il suo piccolo riposa accanto a lei, vegliato dalla giraffa e dal grande serpente che scorre insinuandosi come un fiume intorno e in mezzo alla madre e al cucciolo. Accarezzandolo con gli occhi si intenerisce a guardargli la coda, decisamente piú lunga di quella degli altri orsi e, come la sua del resto, forse anche un po' sproporzionata, ma impreziosita all'estremità da un alone cosí luminoso da sembrare in lontananza un falò che indichi l'indirizzo remoto, sempre lo stesso notte per notte, anno per anno, dove la sua culla dondola lungo i curvi binari della volta oscura. Se una notte d'inverno, o di qualsiasi altra stagione, un viaggiatore fosse disorientato dal ciclico migrare e dal regolare eclissarsi degli animali vicini di casa dell'orsa, sempre ritroverebbe, grazie all'estremità della coda del suo cucciolo, la strada.

Caro è ai guardiani notturni svegliarsi quando muore la luce del giorno e volgersi verso la santa, ineffabile, misteriosa notte. In quel momento il mondo gigantesco delle costellazioni respira come la piú profonda anima della vita, e quello degli uomini giace lontano, perso in un abisso profondo, desolato e deserto. Mentre la grande orsa si distendeva quasi ad accucciarsi sulle chiome degli alberi, in alto a destra la capretta, ancora intorpidita, si sporgeva curiosa dal carro del cocchiere e piú sotto i cani da caccia fremevano preparandosi non a rincorrere l'irraggiungibile lince o la minuscola volpe, ma alla nuova impresa. Nel loro covo il leone e il leoncino sbadigliavano spalancando le fauci, in attesa. Giú in basso il lupo percorreva impaziente il suo grande recinto d'ombra e lo scorpione drizzava nervosamente la coda. A sinistra il piccolo serpente si torceva, l'aquila fissava il nero orizzonte, si inarcava il delfino, scalpitava il cavallino sotto lo sguardo benevolo del cavallo alato. Accanto a lui la lucertola perplessa sbatteva le palpebre. Sotto di lei il cigno si sgranchiva stirando il collo e allargando le ali.

Da che la terra esisteva le costellazioni avevano orientato i pellegrini e i naviganti che scrutando il cielo stellato si rivolgevano loro perché indicassero la rotta sulle onde dei deserti e nelle pianure del mare. Ora tutte, dovunque avessero fissato la loro dimora nella calotta azzurra in cui girava l'eterna ruota del loro mulino, sapevano che la notte alla quale si preparavano poteva essere la notte del destino, come quando nacque la Via Lattea dalla scia della stella che Fetonte urtò nella sua corsa sul carro del sole, o quando la corona di Arianna, che al regno della ragione preferí quello della natura, fu scagliata da Dioniso in cielo ad accenderlo della costellazione boreale che ancora porta il suo nome.

Fu la piccola orsa, aprendo gli occhi, ad avvistare con un grido di eccitazione le lunghe scale a pioli che in lontananza, partendo dalla terra, si protendevano verso la luna. Ciascuna era simile a quelle dipinte dagli antichi maestri di icone che immaginavano cosí la via per il cielo, o a quelle trasportate dai barcaioli che un tempo remavano fin sotto la luna per arrampicarsi a prendere il latte denso che si formava negli interstizi tra scaglia e scaglia della sua superficie. Perché da sempre l'uomo cerca di raggiungere la luna. C'è chi lo fa con una scala, chi abbracciato a una palla di cannone, chi a bordo di grandi vascelli astrali, chi piantando un fagiolo turco che cresca e si aggrovigli intorno alla sua falce. Ma nessuno di costoro ha mai conosciuto il passaggio segreto che agli animali di ogni angolo della terra hanno rivelato i loro simili che abitano, come fossero giungle, steppe o savane, le fertili e popolose distese stellate.

Gli antenati tramandano che a essere assunti in cielo trasformandosi in figure astrali eterne e immutabili siano i grandi eroi, non importa se umani o bestiali o un misto tra i due; che sia questo anzi il punto di arrivo del viaggio di ogni eroe; che nelle costellazioni di cui il firmamento è trapunto si trasmettano in un solo alfabeto di segni e rapporti, comprensibile a tutti i viventi, le immagini che tessono l'unica storia del mondo. Ma non è certo se in origine quei leoni e cigni, delfini e linci, aquile e orse fossero veramente creature mortali ascese tra le stelle, o se siano i loro simili sublunari a esserne i figli e figlie caduti, un giorno, sulla terra, destinati ad assicurare tra i suoi abitanti l'eterno ritorno di quei miti e il ciclo infinito di quelle imprese.

– Guardate, ritornano! – esclamò la piccola orsa. – Uno per uno, con passo incerto, mezzo addormentati. – Sí, – le fece eco la lince, – come fiocchi di neve che esitano e frusciano nel vento. – Loro, alati! – gridò l'aquila. – Con musi di cani d'argento che fiutano l'aria. – Loro, – nitrí Pegaso, il piú impaziente, – dall'olfatto sottile, anime di sangue –. Le bestie astrali si annunciavano a vicenda l'arrivo dei giusti in un rincorrersi di voci che fece risuonare l'etere e rimbalzò su per le sfere celesti fino a raggiungere le stelle fisse. Alcuni filosofi credono che il moto degli astri produca un'armonia e la follia degli umani, si rammaricava un sapiente olandese, è arrivata a un grado tale da persuaderli che anche il loro dio si diletti di musica. È questa una teoria discussa, e certamente contestabile. Ma che ciascuna costellazione abbia una voce chiunque può testimoniarlo, come è indubbio che il canto che questo o quel segno zodiacale emette influisce su coloro, bestie o umani, che nascono sotto di lui.

Ma come descrivere la musica a chi non ha mai potuto udirla? E come, con parole umane, riportare discorsi scambiati tra stelle? Perché separati dal loro canto non hanno nulla di sublime, ma appaiono frasi qualunque, come arcani dei tarocchi separati dal loro segreto e divenuti giochi di carte in bische e locande. – Guardate, – abbaiarono i cani da caccia. – A guidare la scalata dei giusti è uno dei nostri figli. – È vero, ma del cane ha solo la testa, – osservò la lince dall'occhio leggendario, – è umano ciò che resta del suo corpo. – E l'animandro che, su quell'altra scala, viene seguendo la candida gatta ancella della luna, non è forse figlio mio? – tuonò, prendendo la parola, il fino ad allora assopito centauro, con indosso la triplice gemma che schiude la strada verso altri mondi. – Lo è, saggio maestro di maestri, come quella che vediamo dal nostro orizzonte, – disse il loquace delfino, – non è piú solo donna, ma nuota come le mie sorelle nel mare.

La coda della sirena si attorcigliava come una treccia d'argento in controluce davanti all'immenso disco della luna, sul quale l'uno dopo l'altro i viaggiatori andavano sciamando, guidati da MoMo e dalla gatta bianca. Quando le interminabili cordate raggiunsero la vetta e anche l'ultimo scarabeo zampettò giú dall'ultima delle scale a pioli che dalle varie latitudini della terra portavano alla luna, i giusti si acquartierarono a ridosso di uno dei crateri in riva al Mare che chiamano della Tranquillità. Fu allora che il rito cominciò. La gatta bianca si rivolse al grande teatro celeste sfolgorante di luci e, mentre ogni viaggiatore terrestre si specchiava in tutto o in parte nelle figure astrali, le invocò: – Bestie del cielo, la mia voce non è degna del vostro canto. Le parole che mi scrosciano dentro fitte come pioggia si perdono in rivoli nell'universo –. Congiungendo le zampe anteriori assunse la sua posizione ieratica e miagolò: – Ooommm. Che nulla spezzi l'armonia del mondo –. La stessa preghiera fu intonata a bassa voce tra le schiere dei giusti, ciascuno con il proprio verso né animale né umano. – Voi fuochi celesti che danzate davanti a milioni di occhi come una grande giostra su e giú nel buio dell'universo, – rimiagolò, e ripetuti il mantra Om e la preghiera,

e dopo che di nuovo le ebbe fatto eco, a voce piú alta, il coro degli animandri, continuò: – Offriteci il vostro smisurato amore che accende i mondi con infiniti soli, sui vostri dorsi fateci attraversare i sentieri dell'universo. Portateci, con la velocità della vostra luce, al luogo della grande assemblea –. Tutti insieme recitarono per la terza volta il mantra e la preghiera, poi sulla luna e per l'etere tornò il silenzio.

Tacevano i viaggiatori accampati, mezzi uomini e mezzi animali, tacevano MoMo e la gatta bianca, tacevano gli astri, facendo pulsare ora l'una ora l'altra stella del loro corpo. Come accade talvolta quando su un consesso di adulti cala il silenzio, a romperlo fu la voce di una bambina, la giovane orsa: – Ma certo che vi daremo un passaggio, – esclamò nel vuoto dei cieli. Poi, a vedere gli sguardi accigliati delle altre costellazioni, si rivolse supplichevole alla grande orsa: – Lo faremo, vero mamma? Abbiamo già trasportato il cane uomo –. Se c'è un reame in cui davvero sono rispettate le gerarchie di ogni ordine e grado è quello celeste. Non per costrizione o comando, ma per scelta stelle e pianeti decidono la loro eterna obbedienza alle leggi dell'universo. E da sempre ognuno di loro ha eletto regina la grande orsa perché, prima a installarsi in cielo, è anche la prima tra quelle che non conoscono tramonto e mostra a ogni ora e in ogni stagione, con il fulgore del suo occhio puntato, la direzione della stella polare. Quale madre è piú indulgente verso una figlia di quella che da sola con lei nella notte dei tempi si installò tra i fuochi ancora informi e anonimi del cielo? Del resto, trasportare da un punto all'altro del mondo uno o migliaia di animandri non richiedeva trigonometria troppo diversa da quella applicata a ogni transito di sciami di meteoriti, che i cuccioli di costellazione chiamano stelle cadenti. E a quale bambino non piacciono i fuochi d'artificio? Alkaid, Mizar e Alioth scintillarono a turno. L'orsa maggiore, videro tutti, stava scodinzolando. Era un sí.

In un attimo, sulla superficie lunare, furono montati gli scivoli verso lo zodiaco e le altre costellazioni. MoMo, con le sue lunghe gambe umane, correva abbaiando dall'una all'altra rampa per smistare gli animandri in fila. La suddivisione era stata rapidamente concordata tra le stelle e la gatta bianca. Tutti gli esseri volanti, che fossero uomini farfalla dalle ali variopinte chiuse come sottili pagine di un libro o piccole arpie dal viso di donna e corpo di uccello o quei giusti che, mantenendo quasi intatti i loro corpi umani, avevano visto una mattina spuntare le ali piumate che gli antichi pittori dipingevano agli angeli, viaggiarono attraverso la costellazione di Pegaso. Quelli che nella metamorfosi avevano assunto fattezze di creature marine, che si trattasse delle sirene o degli ittiocentauri, da sempre intimamente piú pesci che cavalli, o di altri animandri che avessero sviluppato in sé squame o pinne o branchie nascoste per grande amore degli oceani o pietà per le agonie di cui fremono i banchi dei mercati del pesce, furono trasportati dal Delfino.

Allo Scorpione furono automaticamente assegnati gli uomini scorpione, vecchie glorie dell'epopea di Gilgameš, ma anche quei giusti che, tessendo e ritessendo i loro progetti continuamente lacerati, ora condividevano corpo e anima con il ragno, pescatore dell'aria, o quelli che, costretti a difendersi come cavalieri erranti con corazze e spade dalla stoltezza umana, avevano assunto gusci e aculei e altre armi taglienti finendo col diventare simili agli insetti guardinghi, simbolo dei deboli che si difendono da soli.

Una comitiva mista di sciamani in trasformazione perenne si imbarcò sulla Lince, e un gruppo eterogeneo di lavoratori asiatici schiavizzati, ai quali l'esasperazione unita all'amore per la tradizione aveva fatto assumere l'aspetto di antichi ibridi cinesi (chiang-liang, testa di tigre e faccia di uomo, ch'ou-t'i, con testa su ogni lato, hsiao, volto umano e corpo di scimmia, hui delle montagne, volto umano e corpo di cane), transitò disciplinatamente, tra mille inchini, sul Dragone. I cinocefali, insieme ai quali viaggiava MoMo, furono trasportati fra gli ultimi sui Cani da caccia. A Ursa maior e Ursa minor furono affidate le madri con cuccioli, alle quali si unì la gatta bianca, per ogni necessità di assistenza.

Non tenendo conto della propagazione del pensiero, che in quanto istantanea non ha misura, i moderni padri della fisica ritengono che la massima velocità alla quale può viaggiare nell'universo qualsiasi informazione sia quella della luce. A questa velocità furono trascinati i giusti animandri che dovevano partecipare alla grande assemblea, numerosi come lucciole in una notte di mezza estate, luminosi come fiaccole sul Bosforo la sera della festa del profeta. E come il profeta nel suo viaggio celeste galoppava sul suo cavallo dal volto di donna, cosí le sfingi dalle ali distese e i sacri ieracocefali dal becco di falco scivolavano portati dall'aquilone che Altair, Tarazed, Alshain e le sue compagne tendevano nel vento dell'etere, costeggiando il bianco sciame della Via Lattea. Sventolavano come criniere i capelli e le barbe dei centauri, che caracollando e impennandosi cavalcavano l'immenso dorso stellato del loro progenitore astrale, il fecondo di galassie, che rinnova in eterno il suo saluto al sole, rampando a sollevare lo zoccolo su cui splende Rigil, la gemma piú preziosa, il suo alpha.

Fu cosí che, viaggiando per lo zodiaco, gli animandri furono portati alla grande assemblea che nel frattempo aveva convocato il corvo. Quando la luna tornò deserta fu lui il solo passeggero che ancora non si decideva a partire. Diede un ultimo sguardo al globo azzurro della terra. Era vero quanto dicevano i pochi umani che l'avevano vista da lassú: bella, ma fragile. Non si attardò oltre e salí sulla costellazione che portava il suo nome. Ultimo viene il corvo.

Ecco, la grande assemblea è cominciata. Perdonami se ora distolgo lo sguardo e mi rivolgo a te. Posso dirti che MoMo sta parlando a nome degli animandri e se la sta cavando piuttosto bene. La montagna è gremita e cosí la baia. Nuovi partecipanti arrivano di ora in ora. Nel luogo segreto in cui prima si riunivano solo gli animali adesso sono invitati anche uomini e donne, e bambini, e non

importa che abbiano vere ali di uccello o pinne di
pesce o orecchie di cane, ma che le sentano in sé e
abbiano compreso, come sosteneva Plutarco, che
ogni virtú esiste negli animali in misura maggiore
che nel piú grande dei sapienti. Spacca un legno,
l'anima del mondo è là dentro, alza una pietra e lí
la troverai. Chi sono, dove si nascondono, come
vederli?, so che vorresti domandarmi. Ma io, dopo avere sparso come tracce in un sentiero del bosco le parole di tanti di loro che si sono susseguiti
nei secoli, ora devo tacere. Sappi però che i nuovi
giusti sono ovunque, confusi tra la gente comune,
disseminati in tutto il mondo, persi in mille lavori
e fatiche e problemi, a ricostruire umilmente, finché dura la terra, una nuova arca. Forse qualcuno
di loro proprio ora ha tra le mani questo libro e
lo sta leggendo. Forse sei tu, lettore arrivato alle
sue ultime parole. Che non possono che essere:
de te fabula narratur. Perché da sempre la favola
parla di te. Sei tu, lettore, l'autore di questa e della prossima.

Fonti e commenti bibliografici

Parte prima

Capitolo 1. *L'adunata degli animali*

«Ultimo viene il corvo»: si richiama il titolo di I. Calvino, *Ultimo viene il corvo* (1949), Mondadori, Milano 2017.

«ciò che sta in alto ... una cosa sola»: Ermete Trismegisto, *Tavola smeraldina* («... Quod est inferius, est sicut quod est superius, et quod est superius, est sicut quod est inferius ... Et sicut omnes res fuerunt ab uno ... sic omnes res natae fuerunt ab hac una re»); l'*editio princeps* è contenuta nel *De alchimia* di Chrysogonus Polydorus (probabile pseudonimo di Andreas Osiander) pubblicata a Norimberga nel 1541: il brano citato è alla p. 363. L'edizione moderna di riferimento è Hermès Trismégiste, *La table d'émeraude et sa tradition alchimique*, a cura di D. Kahn, Les Belles Lettres, Paris 1995 (testo originale con traduzione francese a fronte).

«quel vano e continuo fuggire da se stessi»: cfr. Lucrezio, *De rerum natura*, III, 1063-1069 («... currit agens mannos ad villam praecipitanter | auxilium tectis quasi ferre ardentibus instans; | oscitat extemplo, tetigit cum limina villae, | aut abit in somnum gravis atque oblivia quaerit, | aut etiam properans urbem petit atque revisit. | Hoc se quisque modo fugit, at quem scilicet, ut fit, | effugere haut potis est». «Corre alla villa di campagna frustando ansiosamente i cavalli, | neanche la casa stesse andando a fuoco e dovesse domarne le fiamme; | dopodiché, appena toccata la soglia, all'istante sbadiglia, | o piomba in un sonno profondo cercando l'oblio, | o se ne riparte in fretta e furia perché gli manca la città. | Cosí ciascuno fugge se stesso, quel se stesso al quale ovviamente | non si dà di potere sfuggire»[1]).

«il mare canuto»: formula omerica (ἅλς πολιός); cfr. *Iliade*, I, 350 e 359; IV, 248 ecc.; *Odissea*, II, 261; IV, 405 e 580; V, 410 ecc.

«il lupo dimorerà ... serpenti velenosi»: *Is* 11, 6-8.

«le tigri regine della simmetria»: cfr. W. Blake, *The Tyger*, in *Songs of Experience* (1794); trad. it. *La tigre*, in *Canti dell'innocenza e dell'esperienza. Che mostrano i due contrari stati dell'anima umana*, Feltrinelli, Milano 2014, p. 104-5 («Tyger! Tyger! burning bright | In the forests of the night, | What immortal hand or eye | Could frame thy fearful symmetry?» «Tigre! Tigre! che bruci luminosa | nelle foreste della notte, | quale mano o occhio immortale | ha potuto disegnare la tua terrificante simmetria?»)

«*Brekekekex-koax-koax*»: Aristofane, *Le rane*, vv. 209-10.

Capitolo ii. *L'assemblea degli animali*

«Il frinire ... il ronzare»: il piú lungo elenco lessicografico di voci emesse dagli animali si trova in Svetonio, *Liber de naturis rerum* (in C. Suetoni Tranquilli *Praeter Caesarum Libros Reliquiae*, ed. A. Reifferscheid, Teubner, Leipzig 1860, pp. 247-54), opera perduta, le cui testimonianze frammentarie sono trasmesse da una compilazione medievale; a questa tradizione antica, di cui si trova traccia anche nelle *Satire menippee* di Marco Terenzio Varrone, si ispira probabilmente, e ironicamente, F. Rabelais, *Gargantua et Pantagruel*; trad. it. *Gargantua e Pantagruele*, a cura di M. Bonfantini, Einaudi, Torino 2004, p. 361 («... i filosofi e medici affermano che gli spiriti animali sorgono, nascono e operano in virtú del sangue arterioso, purificato e affinato a perfezione nella *rete mirabile* che giace sotto i lobi del cervello. E ci dava l'esempio d'un filosofo, il quale si pensò d'essere in solitudine e lungi dal volgo per meglio commentare, ragionare e

---

[1] Qui e oltre, se non diversamente indicato, la traduzione dei testi citati è opera dell'autore.

comporre, mentre invece intorno a lui abbaiano cani, ululano lupi, ruggiscono leoni, nitriscono cavalli, barriscono elefanti, fischiano serpenti, ragliano asini, stridono cicale, gemono tortorelle – e cioè si trovi piú frastornato che se fosse alla fiera di Fontenay o di Niort»).

«Amici, animali, cittadini del mondo»: cfr. W. Shakespeare, *Julius Ceasar*; trad. it. *Giulio Cesare*, in *I capolavori*, vol. I, Einaudi, Torino 2005, atto III, scena II, (inizio dell'orazione funebre di Antonio sul corpo di Cesare).

«solo con i nostri zoccoli può imboccare i sentieri della luna»: cfr. Apuleio, *Le metamorfosi*; la trasformazione di Lucio in asino è in I, 24; la contemplazione della luna e il dialogo con lei sono in XI, 1-5.

«solo con le nostre orecchie udire il richiamo della legge morale»: cfr. C. Collodi, *Le avventure di Pinocchio. Storia di un burattino* (1902), Einaudi, Torino 2014, ampiamente ispirato ad Apuleio, *Le metamorfosi* cit.; la trasformazione in asino è nel cap. XXXII (*A Pinocchio gli vengono gli orecchi di ciuco e poi diventa un ciuchino vero e comincia a ragliare*).

«nella regalità olimpica dei loro occhi»: allusione all'epiteto omerico di Era «regale dagli occhi di giovenca» (βοῶπις πότνια "Ηρη); cfr. *Iliade*, I, 551; VIII, 471; XIV, 222; XV, 49; XVIII, 357; XX, 309 ecc.

«l'orso è un gentiluomo ... si sia vendicato»: D. Defoe, *Robinson Crusoe* (1719); trad. it. *La vita e le avventure di Robinson Crusoe*, a cura di M. Fabietti, Istituto geografico De Agostini, Novara 1983, cap. LX, pp. 249-50.

«c'è una parentela ... sui loro legami»: Origene, *Omelie sul Levitico*, trad. di M. I. Danieli, Città Nuova, Roma 1985, V, 2, p. 100.

«eseguiamo i precetti ... farci strada»: cfr. W. H. Auden, *Address to the Beasts* (1973); trad. it. *Ode alle bestie*, in *Grazie, Nebbia*, a cura di A. Gallenzi, Adelphi, Milano 2011, pp. 22-23, vv. 16-24 («How promptly and ably | you execute Nature's policies | and are never | lured into misconduct | except by some unlucky | chance imprinting. | Endowed from birth with good manners | you wag no snobbish elbows, | don't leer». «E con quale prontezza e abilità | eseguite i precetti di Natura | senza seguire mai | comportamenti errati, | salvo di tanto in tanto | qualche nefasto imprinting. | Dotati di un'innata cortesia, | non dimenate con sussiego i gomiti | e non guardate male»).

«Non supplichiamo, non chiediamo pietà, non ci diamo per vinte»: cfr. Plutarco, *Del mangiare carne. Trattati sugli animali*, a cura di D. Del Corno, trad. di D. Magini, Adelphi, Milano 2001, p. 86 (*Mor.*, 987 D).

«Non mostriamo segno di sapere che siamo condannate»: cfr. Auden, *Ode alle bestie* cit., vv. 64-65 («But you exhibit no signs | of knowing that you are sentenced». «Eppure non mostrate di sapere | che siete condannati»).

«Viviamo tenendoci lontani dalle illusioni come dal mare aperto»: Plutarco, *Del mangiare carne* cit., p. 91 (*Mor.*, 989 C).

«Dicono gli uomini ... senso comune»: Auden, *Ode alle bestie* cit., vv. 46-48 («Instinct is commonly said | to rule you; I would call it | Common Sense». «Di solito si dice che l'istinto | sia quello che vi guida; | mai io lo chiamerei | Senso Comune»).

Capitolo III. *Il testimone*

«Fermai una donna ... da bere»: ispirato all'episodio testimoniato dal video postato su Instagram a fine dicembre 2019 da Anna Heusler (bikebug2019).

Capitolo IV. *La strategia del topo*

«Seduto sotto un ponte si annusava il re dei topi»: *Sally*, testo e musica di Massimo Bubola e Fabrizio De André. Copyright © 1978 by Universal Music Publishing Ricordi Srl. Tutti i diritti riservati per tutti i Paesi. Riprodotto per gentile concessione di Hal Leonard Europe Srl.

«Certi altri esperti dell'animo umano ... la peste»: Sigmund Freud a Carl Gustav Jung e Sándor Ferenczi, sbarcando dalla nave a New York il 27 settembre 1909 («Portiamo la peste, e loro non lo sanno ancora»).

«il bacillo della peste ... città felice»: A. Camus, *La Peste* (1947); trad. it. *La peste*, in *Opere*, a cura di B. Dal Fabbro, Bompiani, Milano 1992, p. 615.

Capitolo v. *Predicò l'aquila, ruggì il leone*

«In principio era il grido, e il grido sono io»: cfr. *Gv* 1, 1 («In principio erat Verbum ... et Deus erat Verbum». «In principio era il verbo ... e il verbo era Dio»).

«secondo la loro celeste gerarchia»: si allude al *De coelesti hierarchia* dello Ps.-Dionigi Areopagita.

«Sotto i troni ... sul pelo del lago»: la suddivisione della gerarchia migratoria in oche, cigni, casarche, anatre, fino al piviere, è menzionata in V. Arsen'ev, *Dersu Uzala*, trad. di C. Di Paola e S. Leone, Mursia, Milano 1977 [brano incluso in M. Sturani (a cura di), *Pietre, piume, insetti*, Einaudi, Torino 2013, p. 103]; disposizione e denominazione sono liberamente tratte da quelle delle Intelligenze Celesti esposte in Ps.-Dionigi Areopagita, *Gerarchie celesti*, trad. di G. Burrini, Tilopa, Teramo 1981, capp. 6-8, pp. 41-56.

«i gradi inferiori ... gradi superiori»: Ps.-Dionigi Areopagita, *Gerarchie celesti* cit., p. 39.

«non c'è niente di nuovo sotto il sole»: *Ec* 1, 9-10 («Quod fuit, | ipsum est, quod futurum est. | Quod factum est, | ipsum est, quod faciendum est: | nihil sub sole novum». «Tutto ciò che è già avvenuto accadrà ancora; | tutto ciò che è successo in passato succederà anche in futuro: | non c'è niente di nuovo sotto il sole»).

«Il destino degli uomini ... sulle bestie»: cfr. *Ec* 3, 19-20 («Quoniam sors filiorum hominis et iumentorum una est atque eadem: sicut moritur homo, sic et illa moriuntur ... nihil habet homo iumento amplius, quia omnia vanitas. | Et omnia pergunt ad unum locum: | de terra facta sunt omnia, | et in terram omnia pariter revertuntur». «La sorte degli uomini e quella delle bestie è la stessa: come muoiono queste muoiono quelli ... Non esiste superiorità dell'uomo sulle bestie, perché tutto è vanità. | E tutti sono diretti verso la stessa dimora: | tutto è venuto dalla polvere | e tutto alla polvere ritornerà»).

«È vero che il cuore degli uomini ... tutto sarà finito»: cfr. *Ec* 9, 5-6 («Viventes enim sciunt se esse morituros; mortui vero nihil noverunt amplius nec habent ultra mercedem, quia oblivioni tradita est memoria eorum. | Amor quoque eorum et odium et invidiae simul perierunt, nec iam habent partem in hoc saeculo et in opere, quod sub sole geritur». «I vivi sanno che moriranno, ma i morti non sanno nulla; non c'è piú salario per loro, perché il loro ricordo svanisce. Il loro amore, il loro odio e la loro invidia, tutto è ormai finito, non avranno piú alcuna parte in tutto ciò che accade sotto il sole»).

«meglio un cane vivo che un leone morto»: *Ec* 9, 4 («Qui enim sociatur omnibus viventibus, habet fiduciam: melior est canis vivus leone mortuo». «Certo, finché si resta uniti alla società dei viventi c'è speranza: meglio un cane vivo che un leone morto»).

«Noi pochi ... guerra»: cfr. W. Shakespeare, *Henry V*; trad. it. *Enrico V*, Garzanti, Milano 2006, atto IV, scena III (discorso di San Crispino).

Capitolo VI. *Il dilemma del cane*

«Montmorency»: si allude al cane di J. K. Jerome, *Three Men in a Boat (To Say Nothing of the Dog)* (1889); trad. it. *Tre uomini in barca (per non parlar del cane)*, a cura di K. Bagnoli, Feltrinelli, Milano 2013, p. 96.

«di ritorno da una lunga guerra ... due cuccioli»: cfr. Omero, *Odissea*, XVII, 290-329 (il cane Argo).

Capitolo VII. *Cosí cantò la balena*

«Ho visto spesso un gatto senza sorriso, ma questo mi sembra quasi un sorriso senza gatto»: cfr. L. Carroll, *Alice's Adventures in Wonderland* (1865); trad. it. *Alice nel Paese delle Meraviglie*, Einaudi, Torino 2015, cap. VI, p. 64 (il gatto del Cheshire).

«Guai al canarino ... di parlare!»: la filastrocca è liberamente ispirata a T. S. Eliot, *Growltiger's Last Stand,* in *Old*

Possum's Book of Practical Cat (1939); *L'ultima resistenza di Sandogàtt*, in *Il libro dei gatti tuttofare*, trad. di R. Sanesi, Bompiani, Milano 2020, pp. 40-41 («Woe to the weak canary, that fluttered from its cage; | Woe to the pampered Pekinese, that faced Growltiger's rage; | Woe to the bristly Bandicoot, that lurks on foreign ships, | And woe to any Cat with whom Growltiger came to grips!» «Povero il canarino che frulla dalla gabbia | e il pechinese viziato, costretto a affrontare la rabbia | di Sandogàtt; e povero il topo muschiato | che si nasconde tremante su navi straniere, | come qualsiasi Gatto che incontri il Bucaniere!»)

«dagli uccelli sospesi nel cielo e dalle bestie acquattate sulla terra e in cui è alito di vita»: *Gn* 1, 30 («et cunctis animantibus terrae omnique volucri caeli et universis quae moventur in terra et in quibus est anima vivens»; «e a ciascuno degli animati della terra e a ogni uccello del cielo e a tutte le bestie che strisciano sulla terra e in cui vive un'anima»).

«le pianure liquide»: formula omerica (ὑγρὰ κέλευθα, letteralmente «i sentieri liquidi»): *Iliade*, I, 312; *Odissea*, III, 71; IV, 842; IX, 252; XV, 474.

«chiome canute»: formula omerica (ἅλς πολιός); cfr. *Iliade*, I, 349; XIII, 681; XIV, 30; XIX, 266; XXI, 58; *Odissea*, II, 260; IV, 579; IX, 131; XII, 179; XXIII, 235 ecc.

«colore del vino»: formula omerica (οἶνοψ πόντος, «il mare color del vino»): *Iliade*, II, 613; V, 771; VII, 88; XXIII, 316; *Odissea*, I, 182; IV, 474; V, 221; XII, 388; XIX, 274 ecc.

«Aveva la fronte ... pinna destra»: cfr. H. Melville, *Moby-Dick* (1851), trad. di O. Fatica, Einaudi, Torino 2016, p. 204 («Whosoever of ye raises me a whiteheaded whale with a wrinkled brow and a crooked jaw; whosoever of ye raises me that white-headed whale, with three holes punctured in his starboard fluke—look ye, whosoever of ye raises me that same white whale, he shall have this gold ounce, my boys!» «Chi di voi mi segnalerà una balena con la testa bianca, la fronte rugosa e la ganascia storta; chi di voi mi segnalerà quella balena con la testa bianca e tre buchi nella pinna di tribordo... statemi a sentire, ragazzi miei, chi di voi mi segnalerà proprio quella balena bianca, avrà quest'oncia d'oro!»)

«sulla nera terra»: formula omerica (γαῖα μέλαινα, «la nera terra»): *Iliade*, II, 699; XIII, 655; XVII, 416; XX, 494; *Odissea*, XI, 364; XIII, 427; XIX, 111 ecc.

«il mare si gonfiava ... peccato e dolore»: Melville, *Moby-Dick* cit., pp. 291-92 («And heaved and heaved, still unrestingly heaved the black sea, as if its vast tides were a conscience; and the great mundane soul were in anguish and remorse for the long sin and suffering it had bred». «E senza tregua, senza mai requie il nero mar si sollevava, come se gli immani flussi fossero una coscienza, e la grande anima mundi fosse preda d'angoscia e di rimorso per le pene e i peccati a lungo coltivati»).

«come un grande muro bianco»: cfr. Melville, *Moby-Dick* cit., p. 206 («To me, the white whale is that wall, shoved near to me. Sometimes I think there's naught beyond». «Per me quel muro è la balena bianca: me l'hanno addossato contro»).

«Quelli che servono idoli falsi ... rigettati sulla terra»: liberamente ispirato a *Gio* 2, 3-10 («De ventre inferi clamavi ... proiecisti me in profundum in corde maris, | et flumen circumdedit me; | omnes gurgites tui et fluctus tui | super me transierunt ... circumdederunt me aquae usque ad guttur, | abyssus vallavit me, | iuncus alligatus est capiti meo | ... terrae vectes concluserunt me in aeternum | ... | qui colunt idola vana, | pietatem suam derelinquunt; | ego autem in voce laudis | immolabo tibi, | quaecumque vovi, reddam». «Dal profondo degli inferi ho gridato | ... Mi hai gettato nell'abisso, nel cuore del mare, | e le correnti mi hanno circondato; | tutti i tuoi gorghi e le tue onde | sono passati sopra di me | ... Le acque mi hanno sommerso fino alla gola, | l'abisso mi ha avvolto, | l'alga si è avvinta al mio capo ... la terra ha chiuso le sue spranghe dietro a me per sempre | ... Quelli che servono idoli falsi | abbandonano il loro amore. | Ma io con voce di lode | offrirò a te un sacrificio | e scioglierò il voto che ho fatto»).

Capitolo VIII. *Che fare?*

«quel regista inglese»: A. Hitchcock, *Gli uccelli* (1963).

«Le aquile ... nei loro miti»: per il mito di Ganimede rapito da Zeus in forma di aquila cfr. Eratostene, *Catasterismi*,

1, 30 (sulla costellazione dell'Aquila, presso cui è assunto Ganimede, che diviene l'Acquario); Ps.-Apollodoro, *Biblioteca*, 3, 141 (idem); Luciano, *Dialoghi degli dei*, 4 (dialogo tra Zeus e Ganimede).

«Ci sono piú cose ... concepire»: cfr. W. Shakespeare, *Hamlet*; trad. it. *Amleto*, Einaudi, Torino 2019, atto I, scena v (Amleto a Polonio).

«I nostri uccelli ... all'ombra»: cfr. Plutarco, *Apophtegmata Laconica* (*Mor.*, 225b) (frase di Leonida alle Termopili) (Λέγοντος δέ τινος ʽἀπὸ τῶν ὀιστευμάτων τῶν βαρβάρων οὐδὲ τὸν ἥλιον ἰδεῖν ἔστιν,ʼ ʽοὐκοῦνʼ ἔφη ʽχάριεν, εἰ ὑπὸ σκιὰν αὐτοῖς μαχεσόμεθα. «Avendogli detto uno dei suoi: "Le frecce dei nemici oscureranno il sole", rispose: "Tanto meglio, cosí combatteremo all'ombra"»).

«lo spirito del tempo ... irrompe a cavallo»: cfr. G. W. F. Hegel, *Epistolario*, Guida, Napoli 1983, vol. I, p. 233 (lettera a F. I. Niethammer sull'entrata di Napoleone a Jena il 13 ottobre 1806: «Ho visto l'imperatore, questo *Zeitgeist* ... a cavallo per la città ... è una sensazione prodigiosa vedere un simile individuo che stando qui, confinato in un singolo punto, in sella a un cavallo, si irradia per tutto il mondo e lo domina»).

«butta all'aria ... che gioca»: cfr. Eraclito, fr. 22 B 52 Diels-Kranz (αἰὼν παῖς ἐστι παίζων πεσσεύων. «Il tempo è un bambino che gioca spostando i pezzi sulla scacchiera»).

Capitolo IX. *Il ritorno del corvo*

«un uomo vecchio e barbuto»: cfr. la leggenda dei Ciukci sul dio-corvo Kutkh (*Kutkh e i topi*): «Kutkh, il grande corvo, volava per il cosmo: stanco di quel continuo volare, rigurgitò la terra dal becco e atterrò su di lei prendendo l'aspetto di un uomo vecchio», in G. A. Menovschikov, Сказки и мифы народов Чукотки и Камчатки (*Racconti e miti dei popoli della Čukotka e della Kamčatka*), Nauka, Mosca 1974.

«Mai piú»: è il refrain di E. A. Poe, *The Raven* (1845); trad. it. *Il corvo*, in *The Raven. Ulalume. Annabel Lee. O corvo. Ulalume. Annabel Lee. Il corvo. Ulalume. Annabel Lee*, Einaudi, Torino 1995.

«L'aurora ... con le sue dita rosee»: formula omerica (ῥοδοδάκτυλος Ἠώς. «l'aurora dalle dita di rosa»); cfr. per esempio *Iliade* I, 477; VI, 175; XXIV, 788; *Odissea* II, 1; IV, 431.

«per due yuan»: cfr. *Chad Gadya* (*Il capretto*), canzone tradizionalmente intonata dai bambini alla fine del seder della Pasqua ebraica: *Haggadà di Pésach secondo il rito italiano, con le principali varianti dei riti tedesco e spagnolo e con «Haggadà per bambini»*, a cura di R. Bonfil e A. Séfer, Carucci, Roma 1982.

Parte seconda

Capitolo 1. *Gli alleati dell'uomo*

«bipedi ... implumi»: cfr. il detto attribuito a Platone da Diogene Laerzio, *Vite dei filosofi*, VI, 2,41, citato proverbialmente dai piú tardi autori latini («Homo est animal bipes sine pennis», «L'uomo è un bipede implume») e mutato da Severino Boezio in «Homo est animal bipes rationale» («L'uomo è un bipede razionale»).

«che non può essere contenuta in nessun vaso»: Platone, *Repubblica*, X, 621 A (mito di Er) ([le anime] si avviarono tutte verso la pianura del Lete in una calura ardente e terribile, essendo il luogo spoglio di alberi e di quant'altro germoglia dalla terra. Quando fu scesa la sera si accamparono presso il fiume Amelete, la cui acqua non può essere contenuta in nessun vaso; cosicché bisogna bere lí stesso una certa misura di quell'acqua. Ma le anime che non sono trattenute dalla prudenza ne bevono piú della giusta misura, e via via che la bevono perdono memoria di ogni cosa»).

«come il caglio fissa e lega il bianco latte»: Empedocle, fr. 33 Diels-Kranz (trad. di A. Tonelli).

«il sacro *ghī*»: cfr. la cosmografia dei *Purāṇa*, secondo cui esistono sette continenti, separati da oceani circolari concentrici, i piú esterni dei quali sono fatti di burro chiarificato (*ghī*), cagliata, latte e acqua dolce; ma anche il mito della frullatura o zangolatura dell'oceano (*samudra manthan*) di latte, che ricorre nel *Mahābhārata* XVII-XIX, nel *Viṣṇu Purāṇa* I, 9, nel *Rāmāyana* XLV e anche altrove.

«mescolanza ... nascita»: cfr. Empedocle, fr. 8 Diels-Kranz.

«pesce muto che guizza dal mare»: Empedocle, fr. 117 Diels-Kranz (trad. di A. Tonelli).

«scimmia nuda»: allusione al titolo di D. Morris, *The Naked Ape: A Zoologist's Study of the Human Animal* (1967); trad. it *La scimmia nuda. Studio zoologico sull'animale uomo*, Bompiani, Milano 2018.

«ogni cosa ... per l'altra»: ispirato a Empedocle, fr. 21 Diels-Kranz.

«I tuoi profeti ... sonno»: allusione alla leggenda popolare di Maometto e della gatta Muʻizza.

«l'inclinazione dell'umanità ... solo con la morte»: T. Hobbes, *Leviathan*, I, 11, in *Hobbes's Leviathan. Reprinted from the edition of 1651*, Clarendon Press, Oxford 1909, p. 75; trad. it. *Leviatano o la materia, la forma e il potere di uno Stato ecclesiastico e civile*, Laterza, Roma-Bari 2020, p. 78 («So that in the first place, I put for a general inclination of all mankind, a perpetual and restless desire of power after power, that ceaseth only in death». «Indico dunque in primo luogo come inclinazione generale dell'umanità una perpetua e irrequieta brama di potere dopo potere, che cessa solo con la morte»).

«Non trovano ... successivo»: Hobbes, *Leviathan*, I, 11, in *Hobbes's Leviathan* cit., p. 75; *Leviatano* cit., p. 78 («The Felicity of this life, consisteth non in the repose of a mind satisfied. For there is no such ... *Summum Bonum*, (greatest Good) as is spoken of in the Books of the old Morall Philosophers ... Felicity is the continuall progresse of the desire, from one object to another; the attaining of the former, being still but the way to the later». «La felicità di questa vita non consiste nel riposo di una mente soddisfatta. Non c'è questo ... *Summum Bonum* (bene sommo), quale è descritto nei libri degli antichi filosofi morali ... La felicità è il continuo trascorrere del desiderio da un oggetto all'altro; il conseguimento del primo non è che la via verso il successivo»).

«L'anima degli animali ... virtú»: Plutarco, *Del mangiare carne* cit., p. 84 (*Mor.*, 987 B) («È migliore l'anima che produce la virtú senza fatica, come un frutto spontaneo ... L'anima degli animali è piú felicemente predisposta per natura al formarsi della virtú ed è piú compiuta a tale scopo; perché senza avere ricevuto imposizioni né insegnamenti ... essa produce e fa crescere naturalmente la virtú adeguata a ciascuno di loro»).

«A differenza che per l'uomo ... il bene di tutti»: Hobbes, *Leviathan*, II, 17, in *Hobbes's Leviathan* cit., p. 130; *Leviatano* cit., p. 141 («Amongst these creatures, the Common good differeth not from the Private; and being by nature enclined to their private, they procure thereby the common benefit». «Tra queste creature il bene comune non differisce da quello privato; ed essendo per natura spinte a cercare il loro bene privato, procurano in tal modo il bene di tutti»).

Capitolo II. *La grande quarantena*

«Curioso ... piú curioso»: cfr. Carroll, *Alice nel Paese delle Meraviglie* cit., cap. II, p. 12 («Curiouser and curiouser!»)

«Poteva resistere ... tentazioni»: cfr. l'aforisma di Oscar Wilde («I can resist everything except temptation». «Posso resistere a tutto tranne che alle tentazioni»), in O. Wilde, *Aforismi*, Edizioni Sabinæ, Roma 2017, p. 86.

«La gatta bianca»: cfr. la fiaba di M.-C. d'Aulnoy, *La Gatta Bianca* (1698), nella traduzione dal francese di C. Collodi in *I racconti delle fate* (1875), Adelphi, Milano 1976.

«Si dice che ciascun gatto abbia tre nomi»: cfr. T. S. Eliot, *The Naming of Cats*; trad. it. *Il nome dei gatti*, in *Il libro dei gatti tuttofare* cit., p. 25.

Capitolo III. *Ne moriranno migliaia*

«Pur non leggendo i giornali ... preparando»: J. London, *The Call of the Wild* (1903); trad. it. *Il richiamo della foresta*, Einaudi, Torino 2016, p. 3 («Buck did not read newspapers, or he would have known that trouble was brewing». «Buck, non leggendo i giornali, non poteva sapere che guai si stavano preparando»).

«ogni cane ... chissà dove»: cfr. London, *Il richiamo della foresta* cit., p. 3 («For every tidewater dog, strong of muscle and with warm, long hair, from Puget Sound to San Diego». «Per ogni cane di forte muscolatura, lungo e morbido pelo, da Puget Sound a San Diego»).

«Vox Canis, Vox Dei»: allusione al detto «Vox Populi, vox Dei» per il quale cfr. in primis Alcuino di York, *Capitulare admonitionis ad Carolum*, § IX («Nec audiendi qui solent dicere *Vox populi, vox Dei*, cum tumultuositas vulgi semper insaniæ proxima sit». «Non bisogna prestare orecchio a quanti sono soliti dire *voce del popolo, voce di Dio*, poiché la tumultuosità del volgo è sempre a un passo dalla follia»), in Stephani Baluzii *Miscellanea*, I, Muguet, Paris 1678, p. 376.

«Cacciò ... tutto il corpo»: Rabelais, *Gargantua e Pantagruele* cit., cap. xx, p. 385 («Dopo di che, il muto sternutò, con insigne veemenza e concussione di tutto il corpo, voltandosi a sinistra. – Virtú di un bue di legno! – disse Pantagruele, – che cosa vedo? Questo non è a vostro vantaggio. Denota che il vostro matrimonio sarà infausto e disgraziato. Questo sternuto (come ci insegna Terpsione) è manifestazione del dèmone socratico: il quale, fatto a destra, significa che si può con tutta sicurezza e allegramente fare e andare ciò che e dove si era deliberato, e gli inizi, progressi e successi, saranno tutti buoni e felici; ma se lo sternuto è a sinistra, vien tutto al contrario»).

«cani perduti senza collare»: si richiama il titolo del romanzo di G. Cesbron, *Chiens perdus sans collier* (1954); trad. it. *Cani perduti senza collare*, Rizzoli, Milano 2012.

«si crede ... meditazione»: cfr. D. Pennac, *La Fée Carabine* (1987); *La fata carabina*, trad. di Y. Melaouah, Feltrinelli, Milano 2020, p. 37.

«Nessun metodo ... fare ciò che deve essere fatto?»: H. D. Thoreau, *Walden; or, Life in the Woods* (1854); *Walden ovvero Vita nei boschi*, trad. di L. Lamberti, Einaudi, Torino 2015, p. 102 («No method nor discipline can supersede the necessity of being forever on the alert. What is a course of history, or philosophy, or poetry, no matter how well selected, or the best society, or the most admirable routine of life, compared with the discipline of looking always at what is to be seen?» «Nessuna regola o metodo sostituisce la necessità di restare sempre vigili. Cos'è mai un corso di storia, di filosofia o di poesia, per quanto bene scelto; che cos'è mai la migliore società o la piú ammirevole pratica di vita in confronto alla disciplina dell'osservare sempre con attenzione tutto ciò che si può vedere?»)

«ricominciò ... abitudini perdute»: cfr. R. Kipling, *If* (1895), vv. 17-20, in *Rewards and Fairies* (1910) («If you can make one heap of all your winnings | And risk it on one turn of pitch-and-toss, | And lose, and start again at your beginning, | And never breathe a word about your loss». «Se puoi fare un solo mucchio di tutte le tue vincite | e giocartelo in un unico lancio a testa o croce, | e perdere, e ricominciare dall'inizio | senza un fiato sulla tua perdita»). Nella traduzione italiana del libro (R. Kipling, *Il ritorno di Puck*, Adelphi, Milano 2004) la poesia è stata sfortunatamente espunta.

«Quale essere ... tripode?»: l'enigma della sfinge si legge in Ps.-Apollodoro, *Biblioteca*, III 5, 8 (τί ἐστιν ὃ μίαν ἔχον φωνὴν τετράπουν καὶ δίπουν καὶ τρίπουν γίνεται); cfr. anche Diodoro Siculo, *Bibliotheca historica*, IV, 64,3 e Ateneo, *Deipnosofisti*, X, 456b.

«Zitto, zitto! ... momento?»: F. Nietzsche, *Also sprach Zarathustra. Ein Buch für Alle und Keinen* (1885); *Cosí parlò Zarathustra. Un libro per tutti e per nessuno*, trad. di M. Montinari, Adelphi, Milano 1989, parte IV, *Mezzogiorno*, p. 334.

«Dolce suona ... il cuore in petto»: cfr. Saffo, fr. 31 Voigt, vv. 1-6 (Φαίνεταί μοι κῆνος ἴσος θέοισιν | ἔμμεν' ὤνηρ, ὄττις ἐνάντιός τοι | ἰσδάνει καὶ πλάσιον ἆδυ φωνεί- | σας ὑπακούει | καὶ γελαίσας ἱμέροεν, τό μ' ἦ μὰν | καρδίαν ἐν στήθεσιν ἐπτόαισεν. «Pari agli dèi mi sembra | quell'uomo che di fronte | ti siede e da vicino dolce suonare | la tua voce ascolta | e il tuo riso che accende il desiderio, e il cuore | mi fa scoppiare in petto»).

«simile a una nave ... anima mia?»: Nietzsche, *Cosí parlò Zarathustra* cit. pp. 334-35.

Capitolo IV. *Aprile, il piú crudele*

«alcioni ... come uno specchio»: W. Pater, *Marius the Epicurean* (1885); *Mario l'Epicureo*, trad. di L. Storoni Mazzolani, Einaudi, Torino 1970, p. 229.

«note piene ... mandavano»: Pater, *Mario l'Epicureo* cit., *ibid*.

«Aprile è il mese ... desiderio»: T. S. Eliot, *The Waste Land* (1922), I. *The Burial of the Dead*, vv. 1-3; trad. it. *La terra desolata*, Einaudi, Torino 1965 («April is the cruellest month, breeding | Lilacs out of the dead land, mixing | Memory and desire». «Aprile è il mese piú crudele, fa crescere | lillà dalla terra morta, mescola | memoria e desiderio»).

«nel bagliore ... corna del cervo»: cfr. la leggenda agiografica di sant'Eustachio che si legge nella sua *Vita*, riportata da Jacopo da Varagine: Jacobus de Voragine, *Legenda Aurea*, a cura di G. P. Maggioni, Sismel, Firenze 1998, vol. II, cap. CLVII, p. 1090 («Cervus ... conscendit et Placidus ... cum cervum diligenter consideraret vidit inter cornua eius formam ... fulgentem». «Il cervo si avvicinò e Placido ... Guardando bene il cervo vide tra le sue corna una forma ... fulgente»).

«Avere coraggio è spaventare ciò che ti spaventa»: si richiama Walt Disney, *Bambi* (1942).

«natura ... tempio»: cfr. C. Baudelaire, *Correspondances* (1857); trad. it. *Corrispondenze*, in *I fiori del male e altre poesie*, Einaudi, Torino 2014, p. 14 («La Nature est un temple oú de vivants piliers | laissent parfois sortir de confuses paroles; | l'homme y passe à travers des forêts de symbols | qui l'observent avec des regards familiers». «La natura è un tempio dove colonne viventi | lasciano a volte sfuggire confuse parole; | l'uomo vi passa attraverso foreste di simboli | che lo osservano con sguardi familiari»).

Capitolo V. *Madri*

«Mamma anatra»: allusione alla raccolta di fiabe di C. Perrault, *Les Contes de ma mère l'Oye* (1697); trad. it. *I rac-*

conti di Mamma Oca, Hoepli, Milano 2011; cfr. anche la trasposizione musicale di M. Ravel, *Ma mère l'Oye* (1908).

«La provincia … nell'anima»: aforisma di Pitigrilli.

«come nella copertina … di insetti»: il riferimento è a The Beatles, *Abbey Road* (1969).

«le regole assegnate a questa parte di universo»: *Gli uccelli*, testo di Franco Battiato / musica di Franco Battiato e Giusto Pio. Copyright © 1981 by EMI Music Publishing Italia Srl. Tutti i diritti riservati per tutti i Paesi. Riprodotto per gentile concessione di EMI Music Publishing Italia Srl e Hal Leonard Europe Srl.

«Che ha paura del buio … il cielo di dèi»: G. Pascoli, *Il fanciullino* (1897), a cura di G. Agamben, Feltrinelli, Milano 2019, cap. III, p. 31.

«sull'acqua del fiume … mai la stessa»: cfr. Eraclito, fr. 91 Diels-Kranz (Ποταμῶι γὰρ οὐκ ἔστιν ἐμβῆναι δὶς τῶι αὐτῶι καθ᾽ Ἡράκλειτον. «Non è possibile entrare due volte nell'acqua dello stesso fiume»).

«zampe palmate fuori dell'acqua»: cfr. l'opinione del *Fisiologo greco* secondo cui la sirena ha metà corpo umano ma zampe d'oca ed è quindi un palmipede, piú mezzo uccello che mezzo pesce; in *Physiologus*, ed. F. Sbordone, Milano 1936 (ristampa anastatica Hildesheim 1976 e 1991), 13 e 13bis.

«un retore»: si tratta di Libanio.

«una scrittrice inglese»: si tratta di Virginia Woolf.

«una ragazza povera e orfana»: si tratta di Cenerentola, il cui mito antichissimo è oggi conosciuto principalmente nelle versioni di G. Basile, *La gatta Cennerentola,* inclusa ne *Lo cunto de li cunti* (1634-1636), e in quelle di C. Perrault, *Cendrillon ou la Petite Pantoufle de verre* (1697) e dei fratelli Grimm, *Aschenputtel* (1812).

«fluttuava come un grande giglio»: cfr. A. Rimbaud, *Ophélie* (1870); trad. it. *Ofelia*, in *Opere*, a cura di O. Bivort, Marsilio, Milano 2019, pp. 136-37 («Sur l'onde calme et noire oú dorment les étoiles | la blanche Ophélie flotte comme un grand lys». «Sull'acqua calma e nera dove dormono le stelle | la bianca Ofelia fluttua come un grande giglio»).

Capitolo VI. *Era di maggio*

«Era di maggio ... dentro la fontana»: libero adattamento di S. Di Giacomo, *Era de maggio* (1885).

«tutti i problemi ... stanza»: cfr. B. Pascal, *Pensées*, Guillaume Desprez, Paris 1670; trad. it. *Pensieri*, Rizzoli, Milano 2018, p. 63 («... j'ai souvent dit, que tout le malheur des hommes vient de ne savoir pas demereur en repos dans une chamber». «... ho detto spesso che tutta l'infelicità degli uomini deriva dal fatto di non sapere stare seduti in una stanza»).

«questo mondo ... intelligenza»: Platone, *Timeo*, VI, 30b-30c (οὕτως οὖν δὴ κατὰ λόγον τὸν εἰκότα δεῖ λέγειν τόνδε τὸν κόσμον ζῷον ἔμψυχον ἔννουν τε τῇ ἀληθείᾳ διὰ τὴν τοῦ θεοῦ γενέσθαι πρόνοιαν. «Cosí dunque, secondo verosimiglianza logica, si deve dire che questo mondo è un essere vivente dotato di anima, di intelligenza, e generato in senso proprio tramite la provvidenza del dio»).

«ogni vita umana ... della natura»: cfr. A. Schopenhauer, *Die Welt als Wille und Vorstellung* (1819); trad. it. *Il mondo come volontà e rappresentazione*, a cura di A. Vigliani, Mondadori, Milano 2014, p. 455 («Un individuo, una figura umana, una vita umana, sono solo un nuovo breve sogno dello spirito infinito che anima la natura, e dell'eterna volontà di vivere»).

«la morte aveva sciolto le ginocchia»: formula omerica (γούνατ' ἔλυσεν, «sciolse le ginocchia»), cfr. *Iliade*, XI, 579; XVI, 425 ecc.

«Grande era la confusione ... eccellente»: Mao Zedong, lettera alla moglie, 8 luglio 1966.

«La guardavano ... albero morto»: A. Camus, *L'Étranger* (1942); *Lo straniero*, trad. di A. Zevi, in *Opere* cit., p. 136.

«il medico viennese ... nevrosi»: si allude a S. Freud, *Bemerkungen über einen Fall von Zwangsneurose* (1909); trad. it. *L'uomo dei topi*, in *Casi clinici 2*, Bollati Boringhieri, Torino 2013.

«Si può negoziare su tutto nelle fogne»: omaggio a L. Sepúlveda, *Historia de una gaviota y del gato que le enseñó a volar* (1996); *Storia di una gabbianella e del gatto che le insegnò a volare*, trad. di I. Carmignani, Salani, Milano 2018, p. 81.

«È come se morisse ... tenebre»: cfr. *Sal* 88 (87), 16-19 («Pauper sum ego et moriens ...; | portavi pavores tuos et conturbatus sum. | ... Terrores tui exciderunt me. | Circuierunt me sicut aqua tota die, | circumdederunt me simul. | Elongasti a me amicum et proximum, | et noti mei sunt Tenebrae». «Sono morente, sfinito ... |; oppresso dai tuoi terrori sono sconvolto. | ... I tuoi orrori mi hanno annientato. | Mi circondano come acqua tutto il giorno, | tutti insieme mi avvolgono. | Hai allontanato da me amici e conoscenti, | mi sono compagne solo le tenebre»).

Capitolo VII. *Fiutare la morte*

«Se la morte ... al cospetto»: G. Steiner, *Di uomini e di bestie*, in *I libri che non ho scritto*, trad. di F. Conte, Garzanti, Milano 2008, cap. 6, p. 183.

«della bella dama senza pietà»: allusione a J. Keats, *La Belle Dame sans Merci* (1819).

«Buck»: cfr. London, *Il richiamo della foresta* cit.

«anelavano ... all'aurora»: cfr. *Sal* 130 (129) (*De profundis*), 6 («Speravit anima mea in Domino | magis quam custodes auroram». «L'anima mia anela al Signore | piú che le sentinelle all'aurora»).

«tende l'orecchio ... avvolto nel cotone»: cfr. E. A. Poe, *The Tell-Tale Heart* (1843); trad. it. *Il rumore del cuore*, in *I racconti*, trad. di G. Manganelli, Einaudi, Torino 2017, p. 362 («And have I not told you that what you mistake for madness is but over-acuteness of the sense? --now, I say, there came to my ears a low, dull, quick sound, such as a watch makes when enveloped in cotton. I knew that sound well, too. It was the beating of the old man's heart». «Ma non vi ho detto che quel che voi fraintendete per demenza non è che innaturale acutezza dei sensi? Ora, ecco, giungeva alle mie orecchie un suono fioco, opaco, e rapido, quasi d'un orologio avvolto nell'ovatta. Anche quel suono io conoscevo bene. Era il cuore del vecchio»).

«sovracutezza dei sensi»: cfr. Poe, *The Tell-Tale Heart* cit. («over-acuteness of the sense»).

«si rispecchiano ... si spezza»: liberamente ispirato a Steiner, *Di uomini e di bestie* cit., p. 194.

«in quel che restava della notte ... l'aurora»: cfr. *Is* 21, 11-12 («Ad me clamat ex Seir: | "Custos, quid de nocte? | Custos, quid de nocte?" | Dixit custos: "Venit mane, sed etiam nox"». «Mi grida da Seir: | "Sentinella, a che punto è la notte? Sentinella, a che punto è la notte?" La sentinella risponde: "Viene la mattina, e viene anche la notte"»).

«quell'uomo ... fino al terzo cielo»: il riferimento è a san Paolo (cfr. *2 Cor* 12, 1-5).

«ciò che è stato, che è e che sarà»: formula omerica (τά τ' ἐόντα τά τ' ἐσσόμενα πρό τ' ἐόντα), cfr. per es. *Iliade* I, 70.

«il suo pensiero ... provasse paura»: cfr. G. Leopardi, *L'infinito* (1819), in *Canti*, Einaudi, Torino 2016, pp. 105-6.

Capitolo VIII. *E-stin-zio-ne*

«Gli occhi le si assottigliavano ... da fachiro»: omaggio a Colette, *Dialogues de bêtes* (1904); *Cane & gatto. Croce e delizia di una vita in comune*, trad. di A. Galeotti, Donzelli, Roma 2009, p.115.

«Gli umani ... poco perspicaci»: cfr. Empedocle, fr. 11 Diels-Kranz.

«Le forze diffuse ... parte della vita»: Empedocle, fr. 2 Diels-Kranz, 1-3 (trad. di A. Tonelli).

«Svaniscono come fili ... è capire»: cfr Empedocle, fr. 2 Diels-Kranz, 4 e 6-7.

«vivere ... dissolversi»: cfr. Empedocle, fr. 15 Diels-Kranz.

«non sarà mai vuota l'eternità infinita»: Empedocle, fr. 16 Diels-Kranz (trad. di A. Tonelli).

«fantasia di piccoli mercuri ... egocentrico comfort»: cfr. J. Hillman, *Dream Animals* (1997); *Presenze animali*, trad. di A. Serra e D. Verzoni, Adelphi, Milano 2016, p. 80.

«L'animale ... stravagante»: C. G. Jung, *Visioni. Appunti del Seminario tenuto negli anni 1930-1934*, 2 voll., a cura di C. Douglas, trad. di L. Perez e M. L. Ruffa, Magi, Roma 2004, vol. I, p. 184 («In natura, l'animale è un cittadino educato. È pio, segue il suo percorso con grande diligenza, non fa nulla di stravagante. [...] Solo un uomo può comportarsi in maniera vergognosa»).

«Conoscere se stesso»: riferimento al motto inciso nel tempio di Apollo a Delfi (γνῶθι σεαυτόν, «conosci te stesso»), menzionato piú volte in Platone (cfr. *Filebo*, 48c; *Carmide*, 164e, 165a; *Protagora*, 343b) e anche in Senofonte (*Memorabilia*, IV, 2, 24).

«ogni uomo ... nella sua tana»: Lautréamont, *Les Chants de Maldoror* (1869), Chant Premier; trad. it. *I canti di Maldoror*, a cura di L. Colombo, trad. di N. M. Buonarroti, Feltrinelli, Milano 2010, p. 14 («Chaque homme vit comme un sauvage dans sa tanière, et en sort rarement pour visiter son semblable, accroupi pareillement dans une autre tanière». «Ogni uomo vive come un selvaggio nella sua tana, e di rado ne esce per andare a trovare il suo simile, ugualmente accovacciato nella sua tana»).

«L'uomo ... animale politico»: Aristotele, *Politica*, 1253a e 1278b (ὁ ἄνθρωπος φύσει πολιτικὸν ζῷον. «L'uomo è per natura un animale politico»).

«Se la posta è il bene comune ... servigio ricevuto»: cfr. F. Guicciardini, *Ricordi* (1530), Bur, Milano 1977, serie prima, 167 («... perché, toccando al commune, nessuno si tiene servito in proprio. Però chi si affatica per e' populi e università, non speri che loro si affatichino per lui in uno suo pericolo o bisogno, o che per memoria del servizio lascino una sua commodità»).

«La grande famiglia universale ... logica piú mediocre»: Lautréamont, *Maldoror* cit., p. 14 («La grande famille universelle des humains est une utopie digne de la logique la plus médiocre». «La grande famiglia universale degli umani è un'utopia degna della logica piú mediocre»).

«Se non conosci ... sconfitta certa»: Sun Tzu, *L'arte della guerra* (*Sūnzǐ Bīngfǎ, L'arte della Guerra di Sunzi*), trad. di G. Fiorentini, Ubaldini, Roma 1990, cap. 3, 6, p. 82 («Perciò è detto che se conosci gli altri e te stesso, non sarai in pericolo anche in centinaia di battaglie; se non conosci gli altri ma conosci te stesso, ne vincerai una e perderai l'altra; ma se non conosci gli altri né te stesso, ogni battaglia ti sarà letale»).

«C'è ancora del buono in lui»: si richiama la frase detta da Luke Skywalker a Obi-Wan Kenobi in *Il ritorno dello Jedi* (George Lucas, 1983).

Capitolo IX. *Metamorfosi*

«Non è detto ... quando descriveva»: cfr. I. Calvino, *Le città invisibili* (1972), Mondadori, Milano 2016, p. 5.

«Siamo nati ... greti di torrenti»: il brano è liberamente ispirato a Steiner, *Di uomini e di bestie* cit., p. 185.

«nati ... da denti di drago»: si allude al mito di Cadmo, cfr. Apollonio Rodio, *Argonautiche*, 3, 1177-79; già in Ellanico di Lesbo, 4, F, fr. 1b e fr. 51 Jacoby; Ferecide di Atene, frr. 44a, 44b Müller.

«uova dal guscio d'argento»: si allude al mito della teogonia orfica, I, fr. 12 Diels-Kranz.

«plasmati dalla natura degli uccelli»: cfr. Aristofane, *Gli uccelli*, vv. 779-821.

«allattati da lupi su sponde di fiumi»: si allude al mito di Romolo e Remo, cfr. in primis Livio, *Ab urbe condita*, I, 4.

«nutriti da corvi su greti di torrenti»: si allude all'episodio biblico di Elia nutrito dai corvi per volere divino, *1 Re* 17, 1-6.

«medicati ... tane»: su Asclepio come talpa cfr. H. Grégoire, avec la collaboration de R. Goossens et de M. Mathieu, *Asklèpios, Apollon Smintheus et Rudra. Études sur le dieu à la taupe et le dieu au rat dans la Grèce et dans l'Inde*, Palais des Académies, Bruxelles 1949.

«Come un bambino ... da un essere in un altro»: cfr. Plutarco, *Del mangiare carne* cit., pp. 78 (*Mor.*, 985 F) e 81 (*Mor.*, 986 D).

«un senso ... nei bracieri»: cfr. Calvino, *Le città invisibili* cit., p. 5.

«Ricerca dentro di te questi animali e li troverai nella tua anima»: Origene, *Omelie sul Levitico* cit., V, 2, p. 103.

«hai in te stesso ... anche le stelle»: Origene, *Omelie sul Levitico* cit., *ibid.*

«sei anche ... intrappolare il topo»: cfr. Hillman, *Presenze animali* cit., p. 80.

«discernervi la filigrana ... delle termiti»: Calvino, *Le città invisibili* cit., p. 5.

«grandi imperatori d'Oriente ... in difesa degli animali»: si allude all'editto di Aśoka, in *Gli editti di Aśoka*, a cura di G. P. Carratelli, Adelphi, Milano 2003, p. 89 («Nel Ventesimosesto anno del mio regno ho prescritto che non devono essere uccisi questi animali: pappagallo, alzavola, volpoca, oca selvatica, nottola, formica, tartaruga d'acqua, gambero, razza, tartaruga e porcospino, scoiattolo, barasinga, lucertola, mangusta, rinoceronte, piccione bianco, piccione domestico e ogni quadrupede che non si utilizza e non si mangia. Inoltre la capra e la pecora e la scrofa pregne o allattanti non devono essere uccise, e neppure alcuno dei loro piccoli nati da meno di sei mesi. Neppure deve castrarsi il gallo. Non si deve bruciare un cumulo di paglia in cui sono esseri viventi; né dar fuoco a un bosco senza ragione o per far danno. Un vivente non deve nutrirsi di un vivente»).

«Di corvo, per esempio»: un culto sciamanico del dio-corvo (Kutkh, Kutq ecc.) è attestato ancora oggi presso i popoli della Kamčatka, cfr. D. Koester, *When the Fat Raven Sings: Mimesis and Environmental Alterity in Kamchatka's Environmentalist Age*, in E. Kasten (ed.), *People and the Land: Pathways to Reform in Post-Soviet Siberia*, Dietrich Reiner Verlag, Berlin 2002; W. Jochelson, *The Koryak*, E. J. Brill, Leiden 1908. Altri dèi-corvi si ritrovano ad esempio in Cina, come l'uccello del sole a tre zampe (*sānzúwū*), motivo solare, o l'uccello Qingniao, associato alla Regina Madre d'Occidente e portatore dei suoi messaggi: R. E. Strassberg (ed.), *A Chinese Bestiary: Strange Creatures from the Guideways through Mountains and Seas*, University of California Press, Berkeley 2002, p. 195.

«e sapevano ... la via»: F. Nietzsche, *Der Antichrist* (1895); trad. it. *L'Anticristo*, a cura di F. Masini, Newton Compton, Roma 1984, p. 25 («Noi siamo Iperborei, noi sappiamo abbastanza bene quanto in disparte viviamo. "Non per terra, né per acqua troverai la via che mena agli Iperborei": già Pindaro sapeva questo di noi. Al di là del Nord, del ghiaccio, della morte – la nostra vita, la nostra felicità... Noi abbiamo scoperto la felicità, noi sappiamo la strada, noi trovammo la via fuori da interi millenni di labirinto»).

«Apollo tinse di nero ... il centauro Chirone»: Ovidio, *Metamorfosi*, II, 534-632.

«arco d'argento ... frecce ... faretra»: cfr. Omero, *Iliade*, I, 45-46 e 48-49 (... τόξ' ὤμοισιν ἔχων ἀμφηρεφέα τε φαρέτρην·|ἔκλαγξαν δ' ἄρ' ὀιστοὶ ἐπ' ὤμων χωομένοιο ... μετὰ δ' ἰὸν ἕηκε·|δεινὴ δὲ κλαγγὴ γένετ' ἀργυρέοιο βιοῖο· «... portando l'arco sulle spalle e la chiusa faretra; | suonavano le frecce in spalla al dio adirato | ... poi estrasse una freccia | e un suono terribile venne dall'arco d'argento»).

«Dalle forme animali ... il giardino dell'Eden»: concetti e termini tratti da Hillman, *Presenze animali* cit., p. 13 e p. 90.

«Un cavallo ... un cavallo!»: W. Shakespeare, *Richard III*; trad. it. *Riccardo III*, Einaudi, Torino 2011, atto V, scena IV.

«sincronicità»: cfr. C. G. Jung, *Riflessioni teoriche sull'essenza della psiche* (1954), in *Opere*, VIII, Boringhieri, Torino 1976, nota 114, p. 222-223 («Col termine sincronicità intendo, come ho già accennato altrove, la coincidenza – non troppo rara a constatarsi – di dati di fatto soggettivi e oggettivi che non può essere spiegata, almeno con i nostri mezzi attuali, in termini causali»).

«I suoi occhi ... erano felici»: omaggio a W. B. Yeats, *Lapis Lazuli* (1938); trad. it. *Lapislazzuli*, in *Quaranta poesie*, Einaudi, Torino 1965, pp. 104-5 («Their eyes mid many wrinkles, their eyes, | Their ancient, glittering eyes, are gay». «I loro occhi tra le molte rughe, i loro occhi, | i loro antichi, scintillanti occhi, sono lieti»).

Capitolo X. *I giusti*

«Non c'è generazione ... che esercitano»: cfr. J. L. Borges, *El Aleph* (1949); trad. it. *L'Aleph*, a cura di T. Scarano, trad. di F. Tentori Montalto, Adelphi, Milano 1998, pp. 120-21 («È fama che non v'è generazione che non conti quattro uomini retti che segretamente sorreggono l'universo e lo giustificano davanti al Signore: uno di tali uomini sarebbe stato il miglior giudice. Ma dove trovarli, se vivono sperduti per il mondo e anonimi e non si riconoscono quando si vedono, e se neppure essi conoscono l'alto ministero che esercitano?»)

«quattro»: cosí Borges, *L'Aleph* cit., *ibid.*

«trentasei»: cfr. Talmud, Sanhedrin 97b; Sukkah 45b; altre fonti sui Zaddiqim Nistarim o Lamedvavnik nella tradizione chassidica e in vari testi cabalistici tardi.

«cinquanta»: ipotesi fondata su *Gn* 18, 26 («Dixitque Dominus: "Si invenero Sodomae quinquaginta iustos in medio civitatis, dimittam omni loco propter eos". «Disse il Signore: "Se tra i cittadini di Sodoma troverò cinquanta giusti, per riguardo a loro perdonerò tutta la città"»).

«*no tiene ni anverso ni reverso*»: J. L. Borges, *Laberinto* (1969); trad. it. *Labirinto*, in *Elogio dell'ombra*, a cura di T. Scarano, Adelphi, Milano 2017, pp. 40-41 («*Y no tiene ni anverso ni reverso*»).

«Un uomo che coltiva ... salvando il mondo»: J. L. Borges, *Los justos* (1981); *I giusti*, in *La cifra*, trad. di D. Porzio, in *Tutte le opere*, vol. 2, Mondadori, Milano 1985, p. 1229.

«Il giovane assicuratore ... guscio verde»: cfr. F. Kafka, *Die Verwandlung* (1915); trad. it. *La metamorfosi*, Einaudi, Torino 2014.

«dalla pelle ambrata ... un po' selvaggia»: D. Garnett, *Lady into Fox* (1922); *La signora trasformata in volpe*, trad. di S. Pareschi, Adelphi, Milano 2020, p. 15.

«trovato colpevole ... che si voleva»: A. Manzoni, *Storia della colonna infame*, Sellerio, Palermo 1982, p. 12.

«chi vuole persuadere ... eccetto l'uomo»: cfr. Plutarco, *Del mangiare carne* cit., p. 99 (*Mor.*, 992 C).

«Pathei mathos»: Eschilo, *Agamennone*, vv. 176-177.

«Da tempo ... di lutto»: concetti e termini ripresi da J. Hillman e S. Ronchey, *Il piacere di pensare*, Rizzoli, Milano 2004, pp. 136-37 («Laddove invece, se è vero che esiste un'*anima mundi*, se c'è un'Anima del Mondo e noi ne facciamo parte, allora ciò che accade nell'anima esterna accade anche a me, e io percepisco l'estinguersi delle piante, degli animali, delle culture, dei linguaggi, dei costumi, dei mestieri, delle storie. [...] E perciò è naturale che la nostra anima provi una sensazione di perdita, di solitudine, di isolamento, di lutto e di nostalgia, e di tristezza»).

«questo universo ... tutte le sue parti»: Plotino, *Enneadi*, IV, 4, 32 (Πρῶτον τοίνυν θετέον ζῷον ἓν πάντα τὰ ζῷα τὰ ἐντὸς αὐτοῦ περιέχον τόδε τὸ πᾶν εἶναι, ψυχὴν μίαν ἔχον εἰς πάντα αὐτοῦ μέρη. «Va dunque posto anzitutto che questo universo è un unico essere vivente, che contiene in sé tutti gli animali, avendo un'unica anima in tutte le sue parti»).

«se esiste ... anima interiore»: cfr. Hillman e Ronchey, *Il piacere di pensare* cit., pp. 136-37.

«*Tiotío tiotínx*»: Aristofane, *Gli uccelli*, vv. 830-836, 852-858.

«*Triotò triotò totobríx*»: Aristofane, *Gli uccelli*, v. 281.

«*Tuít-tuít-tuít. Giag-giag-giag-giag-giag-giag. Tiriú*»: T. S. Eliot, *The Waste Land* cit., III. *The Fire Sermon*, vv. 31-34; cfr. II, *A Game of Chess*, vv. 23 -27 (dove si allude al mito della metamorfosi di Filomela, violentata dal cognato Tereo e trasformata in usignuolo, mentre la sorella Procne è trasformata in rondine).

«spirito tremulo e sottile»: G. B. Marino, *L'Adone*, VII, 32-54 (il canto dell'usignolo, sirena dei boschi), 32 («Ma sovr'ogni augellin vago e gentile | che piú spieghi leggiadro il canto e 'l volo | versa il suo spirto tremulo e sottile | la sirena de' boschi, il rossignuolo»).

«cosí rudemente forzata»: Eliot, *The Waste Land* cit., v. 33; cfr. II, *A Game of Chess*, v. 24.

«torceva ... la stessa melodia»: cfr. Marino, *L'Adone*, VII, 33 («Or la ferma, or la torce, or scema, or piena, | or la mormora grave, or l'assottiglia, | or fa di dolci groppi ampia catena, | e sempre, o se la sparge o se l'accoglie, | con egual melodia la lega e scioglie»).

«in piú timbri ... e lira»: Marino, *L'Adone*, VII, 34 («Varia stil, pause affrena e fughe affretta | ch'imita insieme e 'nsieme in lui s'ammira | cetra flauto liuto organo e lira»).

Capitolo XI. *Marmi*

«Ora immaginatevi voi quale fu la sua meraviglia»: Collodi, *Pinocchio* cit.; la frase che qui si richiama («Ora immaginatevi voi quale fu la sua meraviglia quando, svegliandosi, si accòrse che non era piú un burattino di legno: ma che era diventato, invece, un ragazzo») è nel cap. XXXVI (*Finalmente Pinocchio cessa d'essere un burattino e diventa un ragazzo*).

«certi ... con le proprie forze»: cfr. E. Rostand, *Cyrano de Bergerac* (1897); trad. it. *Cyrano de Bergerac*, a cura di C. Bigliosi, Feltrinelli, Milano 2020, atto II, scena VIII, pp. 132-33 («Et que faudrait-il faire? | Chercher un protecteur puissant, prendre un patron | et, comme un lierre obscur qui circonvient un tronc | et s'en fait un tuteur en lui léchant l'écorce | grimper par ruse au lieu de s'élever par force? | Non, merci». «E che dovrei fare? | Cercare un protettore potente, | di un padrone farmi servente, | e come un'edera scura che si avvince ad un tronco | e lo corteggia leccandogli la corteccia, | arrampicarmi con l'astuzia invece di elevarmi con la forza? | No, grazie»).

«fra i lupi della steppa»: si richiama il titolo di H. Hesse, *Der Steppenwolf* (1927); trad. it. *Il lupo della steppa*, Mondadori, Milano 2016.

«nelle botteghe color cannella»: si richiama il titolo di B. Schulz, *Sklepy cynamonowe* (1933); trad. it. *Le botteghe color cannella*, Einaudi, Torino 2008.

«la mente ... scimmia dei pensieri»: cfr. la celebre immagine usata nei discorsi del Buddha: *Saṃyutta-nikāya*, a cura di L. Féer, in *Saṃyutta-nikāya of the Sutta-pitaka*, XII, 61, 8, Pali Text Society, Oxford University Press, London 1884-1904, vol. II, p. 95; trad. it. *Saṃyutta-nikāya. Discorsi in gruppi*, a cura di V. Talamo, Astrolabio, Roma 1998, Seconda parte, *Nidāna-vagga*, VII, 61, p. 241: «Proprio come una scimmia che erra nel folto di una foresta in declivio e ora si aggrappa a un ramo, ora lo lascia e ne afferra un altro, e poi un altro ancora, esattamente cosí, o monaco (*bhikku*), si muove ciò che chiamiamo pensiero (*cittam iti*), ciò che chiamiamo mente (*mano iti*), ciò che chiamiamo coscienza (*viññāṇam iti*)»; se i pensieri che impediscono la meditazione sono un tema proprio dell'ascetismo globale, incluso l'esicasmo cristiano-bizantino (cfr. K. Ware, trad. it. *La potenza del Nome. La preghiera di Gesú nella spiritualità ortodossa*, Il Leone Verde, Torino 2000, che menziona il «capriccioso saltare di ramo in ramo delle scimmie» attribuendo questa frase, forse erroneamente, a Ramakrishna), e se la «mente inquieta» è un tema nevralgico nel pensiero indiano (*Advaita Vedānta*), l'immagine della mente paragonata a una scimmia perdura nel buddhismo cinese: si consideri per tutti il romanzo di Dong Yue (1620-1686), *Il sogno dello scimmiotto* (1640), trad. di P. Santangelo, Marsilio, Venezia 1992, a sua volta ispirato al *Viaggio in Occidente* di Wu Cheng'en (1500-1582), in cui il protagonista, il monaco Xuanzang, tra mille peripezie va pellegrino in India alla ricerca di testi buddhisti illuminanti; tra i suoi compagni di viaggio c'è lo Scimmiotto, demone-dio che incarna l'archetipo dello smarrimento, dell'agitazione ininterrotta che va sedata per ottenere il risveglio.

«Non si tratta solo dei codici ... nel volo delle api»: liberamente ispirato a Steiner, *Di uomini e di bestie* cit., p. 191.

«chi ama può fare qualunque cosa»: si allude alla celebre frase di Agostino, *In Epistolam Joannis Ad Parthos Tractatus Decem*, 7, 8 («Dilige et quod vis fac». «Ama e fa' ciò che vuoi»).

«Una ragione per morire ... una ragione per vivere ... sono la stessa»: si allude alla frase di Maometto diffusa nella tradizione orale sufi.

«non agire, ma non lasciare nulla di incompiuto»: è il celebre detto di Lao Tse (anche Lao Tzu, ultimamente ovunque Laozi), cfr. Lao Tsu, in *Tao Te Ching*, a cura di A. S. Sabbadini, Apogeo, Milano 2009, cap. 37, p. 297 («Il Dao costantemente non agisce | eppure nulla rimane incompiuto. | Se solo re e feudatari | fossero in grado di attenersi a ciò, | i diecimila esseri | spontaneamente si trasformerebbero. | Si trasformerebbero | e, se desideri dovessero sorgere, | li conterrei mediante la semplicità del senza nome. | La semplicità del senza nome | li ricondurrebbe all'assenza di desideri. | L'assenza di desideri è la pace: | il mondo spontaneamente diverrebbe pacifico»).

«i capelli, le foglie e le piume degli uccelli sono un'unica cosa»: Empedocle, fr. 82 Diels-Kranz.

«diverranno veggenti, poeti, medici e capi sulla terra, e infine dèi immortali»: Empedocle, fr. 146 Diels-Kranz.

«Nell'uno tutto è difforme, nell'altro tutto si riunisce»: cfr. Empedocle, fr. 21, 7-8 Diels-Kranz (trad. di A. Tonelli).

Capitolo XII. *La voce delle stelle*

«grande serpente ... al cucciolo»: cfr. Virgilio, *Georgiche*, I, 244-246 («Maxumus hic flexu sinuoso elabitur anguis | circum perque duas in morem fluminos arctos, | arctos Oceani metuentis aequore tingui». «Con curve sinuose qui il grande serpente | scorre insinuandosi come un fiume intorno e in mezzo alle due orse, | le orse che temono di immergersi nelle acque di Oceano»).

«la coda ... sproporzionata»: il mito della proditoria seduzione da parte di Giove e della trasformazione in orsa della ninfa Callisto, della sua assunzione in cielo insieme al figlio della colpa Arcade, catasterizzati rispettivamente in Ursa maior e Ursa minor (o Boote), nonché dell'ira di Giunone, che condannò entrambe le costellazioni a non riposarsi mai, è narrato da Ovidio in *Metamorfosi*, II, vv. 404-507 e in *Fasti*, II, vv. 153-193, che si rifà alla versione di Eratostene (*Catasterismi* 1, 1), a sua volta desunta da un'opera frammentaria di Esiodo (frr. 163-164 Merkelbach-West). Sull'anomala lunghezza della coda, che il mito antico non spiega, è stato invece l'umorismo dell'astronomo e matematico inglese Thomas Hood (vissuto fra Cinque e Seicento) a inventare una narrazione apocrifa, anche se circolante nella saggistica, secondo cui Giove lanciò l'orsa in cielo roteandola per la coda cosicché questa si allungò a dismisura.

«lungo i curvi binari della volta oscura»: omaggio a I. Calvino, *Palomar* (1983), Mondadori, Milano 2016, p. 43.

«Se una notte d'inverno ... un viaggiatore»: si richiama il titolo di I. Calvino, *Se una notte d'inverno un viaggiatore* (1979), Mondadori, Milano 2016.

«la santa, ineffabile, misteriosa notte ... desolato e deserto»: pastiche da Novalis, *Hymnen an die Nacht* (1800), I, vv. 38-43 («... wend ich mich | zu der heiligen, unaussprechlichen, | geheimnißvollen Nacht. | Fernab liegt die Welt | in eine tiefe Gruft versenkt, | wüst und einsam ist ihre Stelle». «... mi volgo | verso la santa, ineffabile, | misteriosa Notte. | Giace lontano il mondo, | sepolto in un abisso profondo, | desolato e deserto è il suo spazio») e vv. 11-14

(«Wie des Lebens innerste Seele | athmet es der rastlosen Gestirne Riesenwelt». «Come la piú profonda anima della vita | la respira il mondo gigantesco delle insonni costellazioni»); trad. it. *Inni alla notte. Canti spirituali*, Feltrinelli, Milano 2018, p. 61.

«la grande orsa ... degli alberi»: omaggio a Calvino, *Palomar* cit., p. 41.

«la notte del destino»: Laylat al-Qadr, Corano, sura 97 («E chi potrà farti comprendere cos'è la Notte del Destino? La Notte del Destino è migliore di mille mesi. In lei discendono gli angeli e lo spirito, con il permesso del loro signore, per fissare ogni decreto. È pace, fino al levarsi dell'alba»).

«la Via Lattea ... carro del sole»: credenza pitagorica riferita da Aristotele, *Meteorologia* 345a, in *Metereologica*, introd., trad. it. e note di L. Pepe, Guida, Napoli 1982, p. 56 (con riferimento alle fonti pitagoriche in nota); cfr. anche Diodoro Siculo, *Bibliotheca historica*, V, 23,2.

«il latte denso ... tra scaglia e scaglia»: omaggio a I. Calvino, *La distanza della Luna*, in *Le cosmicomiche* (1965), Mondadori, Milano 2016. p. 6.

«Chi lo fa ... alla sua falce»: cfr. R. E. Raspe, *Baron Munchausen's Narrative of his Marvellous Travels and Campaigns in Russia* (1785); trad. it. *Le avventure del barone di Munchausen*, Bur, Milano 1978, pp. 52-54.

«Guardate, ritornano! ... anime di sangue»: E. Pound, *The Return* (1913), vv. 5-9, 12-14, 16, 18; trad. it. *Ritorno*, in *Opere scelte*, Mondadori, Milano 1981, pp. 78-79 («See, they return; ah, see the tentative | Movements, and the slow feet, | The trouble in the pace and the uncertain | Wavering! | See, they return, one, and by one, | With fear, as half-awakened; | As if the snow should hesitate | And murmur in the wind, | and half turn back; | These were the "Wing'd-with-Awe", | Inviolable. | Gods of the wingèd shoe! | With them the silver hounds, sniffing the trace of air! | Haie! Haie! | These were the swift to harry; | These the keen-scented; | These were the souls of blood. | Slow on the leash, | pallid the leash-men!» «Guarda, ritornano; | ah, guarda i movimenti | incerti e i piedi lenti, | il passo trattenuto e il vago | ondeggiare! | Guarda, ritornano, uno per uno, | con cautela, come a metà svegli; | simili a fiocchi di neve che esitano | e frusciano nel vento, | e quasi ripiegano. | Erano loro gli Alati di Terrore, | inviolabili. | Dèi dal calzare alato! | Con loro i segugi d'argento, | che fiutano la pista del vento! | Hallalí! Hallalí! | Loro, i veloci a razziare; | loro, dall'olfatto sottile; | loro, le anime di sangue. | Lento il laccio, | pallido chi lo stringe!»)

«la follia degli umani … di musica»: cfr. B. Spinoza, *Ethica more geometrico demonstrata* (1677); trad. it. *Etica. Dimostrata con metodo geometrico*, a cura di E. Giancotti, Editori Riuniti, Roma 1988, p. 121 («Opinione quest'ultima che ha provocato negli uomini un tale grado di follia da far loro credere che anche Dio trae diletto dall'armonia»).

«gli uomini scorpione … di Gilgameš»: cfr. *L'epopea di Gilgameš*, a cura di N. K. Sandars, Adelphi, Milano 1986, pp. 124-25.

«chiang-liang … corpo di cane»: cfr. J. L. Borges, *El libro de los seres imaginarios* (1957); trad. it. *Il libro degli esseri immaginari*, a cura di T. Scarano, trad. di I. Carmignani, Adelphi, Milano 2006, pp. 94-95 («Il *chiang-liang* ha testa di tigre, faccia d'uomo, quattro zoccoli, lunghi arti e una serpe fra i denti. Nella regione a ovest dell'Acqua Rossa abita l'animale chiamato *ch'ou-t'i*, che ha una testa su ogni lato. […] Lo *hsiao* è come un gufo, ma ha volto d'uomo, corpo di scimmia e coda di cane. […] Lo *hui* delle montagne sembra un cane con faccia di uomo»).

«ogni virtú … dei sapienti»: cfr. Plutarco, *Del mangiare carne* cit., p. 85 (*Mor.*, 987 D) («Quale virtú non esiste fra gli animali in misura maggiore che nell'uomo piú sapiente?»)

«Spacca un legno … la troverai»: *Vangelo di Tommaso*, 77.

«finché dura la terra»: cfr. *Gn* 8, 22 («Cunctis diebus terrae, sementis et messis, frigus et aestus, aestas et hiems, dies et nox non requiescent». «Finché dura la terra semi e raccolti, freddo e caldo, estate e inverno, giorno e notte non cesseranno»).

Indice

Questo libro è stampato su carta contenente fibre certificate FSC®
e con fibre provenienti da altre fonti controllate.

MISTO
Carta da fonti gestite
in maniera responsabile
FSC® C115118
FSC
www.fsc.org

Stampato per conto della Casa editrice Einaudi
presso ELCOGRAF S.p.A. - Via Mondadori, 15 - Verona

C.L. 24810

Edizione								Anno			
3	4	5	6	7	8	9		2020	2021	2022	2023